AIR叢書 創刊号

ECO未来都市を目指して

産業都市尼崎の挑戦

公益財団法人 尼崎地域産業活性化機構

発刊にあたって

　2014（平成26）年、公益財団法人尼崎地域産業活性化機構は、その前身である財団法人尼崎市産業振興協会の設立から33年が経過したことになります。この間、2003（平成15）年に財団法人あまがさき未来協会との合併、2008（平成20）年には尼崎市中小企業勤労者福祉共済事業を尼崎市から移管され、現在に至っています。こうした経緯から、当機構は尼崎市が抱える都市問題の解決に向けた調査研究を行うとともに、尼崎市のまちづくりの根幹である産業の振興及び中小企業等の勤労者福祉向上に向けた各種事業を行い、地域及び産業の活性化に寄与することを目的としています。

　2014（平成26）年4月、公益財団法人への移行2年を迎え、「調査研究室」を開設することといたしました。少子高齢化、技術革新の急速な進展、グローバル化の深化など、尼崎を取り巻く社会・経済環境の変化はますます輻輳しその混迷を深めていると感じられます。調査研究室では、こうした課題を解明し、適切な政策を提案することを目的として活動を開始いたしました。

　興隆するアジアのなかで、日本の位置づけは加速度的に厳しさを増しています。アジア開発銀行は、Asia2050-Realizing the Asian Century（2011）のなかで、「アジアは、現在、歴史的転換期を迎えており、現在の経済成長が続けば、2050年までにアジアの1人当たりGDPは購買力平価ベースで6倍となる。現在の欧州の水準になる」と推計しアジアの世紀への大きな期待を示しています。こうしたアジア全体の急速な成長のなかで、中進国の発展に懸念が示されるように、国・地域によってその成長過程には大きな格差があることも事実です。「老いたアジア」の筆頭に位置づけられた日本は、2050年の1人当たりGDPは66.7千ドルと推計されており、この値は2050年米国の68％です。少子高齢化や企業活力の減退が現状のまま推移すれば、日本経済の成長の鈍化・縮小は、国民の厚生水準にも大きく影響を及ぼすことになるのです。

こうした背景には、もちろん少子高齢化があることは否めませんが、経済発展の原動力であるイノベーション力という点で、日本経済はアジアのなかで既に際立つ存在ではなくなってきているのです。経済の再生はイノベーション創出のメカニズム構築と同義なのです。同時に、技術イノベーションと社会イノベーションが両輪となる仕組みづくりに配慮する必要もあります。地域分権・主権の潮流のなかで、地域が自らのイニシアチブで政策決定を行うことも可能になりつつあります。

　それでは、尼崎が優位性を持つ領域は何なのでしょうか？　もちろん、尼崎のこれまでの産業都市としての蓄積からすれば、多くのシーズがあると思われます。ここでは、尼崎市と経済界がビジョンに描くECO未来都市から考えてみましょう。ここでのキーワードは、やはりスマート・コミュニティでしょう。インフラにICTを活用し環境負荷の低い都市の構築を目指すスマート・コミュニティの試みは、現在、日本全国で実証実験などが実施されています。今後、企業の技術イノベーションと自治体・公共側の社会イノベーションが組み合わされることによって、これまでにないタイプの輸出産業となる可能性をも持っています。産業技術イノベーションが地域再生や市民生活の質向上などと一体的に展開していることが特徴です。スマート・コミュニティは地域と連動した新しいタイプのイノベーションなのです。

　2010（平成22）年秋、「ECO未来都市・尼崎」を宣言した通称AG6が、「みんなで考えるスマートな社会」シンポジウムを開催しました。AG6は、尼崎地域の経済団体・企業である、尼崎商工会議所、尼崎経営者協会、協同組合尼崎工業会、公益財団法人尼崎地域産業活性化機構、尼崎信用金庫、そして尼崎市が構成する組織で、2010（平成22）年に経済活動を通じて産業と環境が共生する「ECO未来都市・尼崎」を宣言しました。こうした形で、地域の経済団体・金融機関・行政が"団結"して都市が目指す姿を提示したのは画期的といっていいでしょう。シンポジウムでは、〈楽しくて、儲かる！　現実的な「スマート・コミュニティ」とは？〉と題して、コンサルタントの廣常啓一氏、〈今、そこまで来ている「水素社会」～岩谷産業（株）が目指すもの～〉と題して岩谷産業株式会社理事・中央研究部長の繁森敦氏に講演をいただきま

した。岩谷産業株式会社は、尼崎市内にこのほど水素エネルギーに関わる中央研究所を設置しています。

お二人の講演の後、廣常・繁森両氏と筆者を交え、「スマート・コミュニティが拓く明日の尼崎」と題し鼎談を行いました。地球温暖化、エネルギー制約は、都市のスマート・コミュニティ化を不可避としています。一方、都市のスマート化関連の世界マーケットは、2010年から2030年までの累計で約3,100兆円に達するとも推計されています（経済産業省 METI2011，10/11月号）。アジアなど急速な発展を遂げる爆発する大都市の問題も、スマート・コミュニティが注目される背景にあるといっていいでしょう。

スマート・コミュニティは、新しいスタイルのイノベーションです。そこにはいくつかの特徴があります。ひとつは、様々な企業が持つ多様な技術が巧みに連関して作り上げられるパッケージだということです。オープンイノベーションの重要性はこれまでにも随分指摘されてきましたが、現実には企業の研究開発や技術ノウハウ秘匿の壁に阻まれて、必ずしも成功していたといえなさそうです。しかし、スマート・コミュニティの構築は、いかにこうしたパッケージをデザインし、稼働させるかにかかっているのです。第二に、市民協働型イノベーションだということです。従来、イノベーションは企業が行うものとの認識が一般的でしたが、「豊かな市民生活」をICTやエネルギー技術によって実現することを狙いとするスマート・コミュニティは、いかに市民と協働するのかは、きわめて重要なポイントだと言わなければなりません。第三に、公民連携の必要性も指摘しておきたいと思います。新たなイノベーションを顕在化・醸成するためには、これまでと異なる制度・仕組みが必要です。効率的・効果的なまちづくりは、既往の制度にとらわれることなく、豊かな市民の生活を支えるインフラとして機能するために、大胆に作りかえておくことがあってもよいでしょう。その意味で、スマート・コミュニティを目指す尼崎市は、政策の実験都市でもあるはずです。

鼎談では、こうした課題・論点に関わりながら、次世代エネルギーとしての水素やスマート・コミュニティ実現への課題について議論が行われました。現在、スマート・コミュニティの実証実験が世界的に行われています。地球環境

問題への対応は、サステナブルな都市の構築において必須といっても過言ではありません。尼崎に蓄積されている多様な産業技術を駆使する市場が顕在化しつつあります。

　本書は、当機構に調査研究室が設置されたことを記念して発行することになりましたAIR叢書の創刊号です。創刊号では、産業と環境の融合を目指すECO未来都市尼崎をテーマといたしました。

　時代の潮流を受け止め、柔軟かつ巧みに、そして大胆に発展する尼崎の産業を、地域の経済界や市民の皆さんと考えていきたいと思っています。今後とも、ご支援をいただきますようお願いをいたします。

平成26年12月

　　　　　　　　　　　　　　　　　　公益財団法人　尼崎地域産業活性化機構

　　　　　　　　　　　　　　　　　　　　理事長　加藤　恵正

目 次

発刊にあたって

巻頭論文
I　尼崎の産業と政策
　　　　　　……………………………………………加藤 恵正　3

特集に寄せて
II　経済と環境が両立する都市へ
　　　　　　…………………………………………稲村 和美　13
III　「ECO 未来都市・尼崎」へのスタート
　　　　　　…………………………………………菊川 秀昭　21

特集論文
IV　尼崎信用金庫の CSR としての地域貢献
　　　　　　…………………………………………橋本 博之　29
V　尼崎市における環境モデル都市の取組み
　　　　　　…………………………………………福嶋 慶三　44
VI　産業連関表からみた尼崎の産業の特徴と
　　「尼崎版グリーンニューディール」（AGND）の経済効果
　　　　　　………………………………小沢 康英・芦谷 恒憲　68

Column
① 　ECO 未来都市を目指して——NPO 尼崎21世紀の森の取組みと提言
　　　　　　…………………………………………阿部 利雄　91
② 　『あまがさきエコプロダクツグランプリ』
　　　　　　……………………尼崎市 経済環境局 環境部 環境創造課　95

尼崎の動き

Ⅶ 尼崎の歴史と産業の変遷
　　　　　………………………………………中村　昇　101
Ⅷ 尼崎市の産業施策
　　　　　………………………………………岸本　浩明　120
Ⅸ 日本のお家芸であるロボットを活用した
　ECO なものづくりの未来
　　　　　………………………………………髙丸　正　136

研究報告 ——公益財団法人 尼崎地域産業活性化機構——

Ⅹ 経済センサスからみた尼崎の小地域の特性Ⅳ
　　　　　………………………………………國田　幸雄　161
Ⅺ 尼崎中小製造企業の海外進出に関する実態
　　　　　………………………………………櫻井　靖久　194

巻頭論文

I 尼崎の産業と政策

加藤　恵正
公益財団法人　尼崎地域産業活性化機構　理事長
兵庫県立大学　政策科学研究所　所長

はじめに——変わる尼崎市の経済

　世界の都市・日本の都市は、今、大きな潮流変化の渦中にあります。たとえば、国境を越えて連携するグローバル・シティ・リージョンの台頭もそのひとつです。日本では、経済のグローバル化と少子高齢化による「構造転換」が、日本の社会経済システム全体の再編成の必要性を顕在化させ、全国の都市・地域ではかかる課題への対応を大急ぎで検討しているのです。もちろん、尼崎市もその例外ではありません。尼崎市は、2013（平成25）年度に尼崎市総合計画を策定しましたが、これは顕在化する大きな「変化」に挑戦する処方箋といってよいかもしれません。しかし、尼崎市を取り巻く社会経済環境は変化し続けています。尼崎市に生起する課題も変化を続けることになるでしょう。大事なことは、処方箋に基づいて諸課題に機動的に即応すると同時に、処方箋自体も環境変化に呼応した進化を続けなくてはならないということなのです。

　以下、本稿では尼崎市が現在直面する諸課題について、その論点を整理しておきたいと思います。

大阪湾ベイエリアの行方

　尼崎臨海部は、大阪湾ベイエリアの核心部にあります。旧阪神工業地帯が形成する大阪湾ベイエリアは、日本において工業化の先駆地域として発展し国を支えてきましたが、一方、その衰退の兆候も1970年代から他の地域に先行して顕在化してきました。こうした衰退産業地域の問題は、欧米諸国共通の悩みと

してその再生に向けた政策が実施されましたが、日本では1990（平成2）年に大阪湾ベイエリアにおいて初めて取組みが開始されました。ただ、バブル崩壊や国土政策上の制約から計画通りには再生の道を歩まなかったのが実情です。21世紀にはいって、大規模薄型パネル工場群の建設、次世代エネルギー関連の事業所群の立地展開を契機に、かつて衰退の象徴であった大阪湾ベイエリアは、パネル・ベイ／次世代エネルギー生産拠点として再生の兆しを一旦見せ始めていたのです。

しかし、2011（平成23）年10月、パナソニックは薄型テレビ事業を縮小することを発表。同時に尼崎臨海部に立地するプラズマ・ディスプレイ・パネル工場の休止を決定します。このころ、薄型パネルに命運をかけたシャープの液晶パネル旗艦工場である堺工場も操業の大幅な見直しが行われました。薄型パネルの世界的な製造拠点化の経済効果は、関西圏において約4兆円（関西社会経済研究所）とも試算されていましたが、その面影は消失したと行って過言ではありません。2014（平成26）年に入って、パナソニックが薄型テレビ用のパネル（PDP）生産を行っていた尼崎第3工場の建物を不動産投資顧問会社に売却する方針であることが報じられました。21世紀初頭、パネル・ベイとしてその再生に大きく期待が寄せられた大阪湾ベイエリアは、その中核となっていたパナソニック、シャープの事業所縮小・閉鎖などで、その状況は一変しました（加藤2014）。

こうした古くからの産業地域は、国際的には「ラスト・ベルト」と呼称されています。ラスト・ベルトの再活性化は、現在、世界的な挑戦課題となっています。近年、こうしたラスト・ベルトの再生を妨げている要因が明らかになりつつあります。それは、産業地域としての長い伝統と厚みのある蓄積が、逆に地域のダイナミズムを抑制してしまっている「負のロックイン構造」の存在です（Hassink, R. 2005）。かつて、大阪湾ベイエリアでは、工場の新増設を禁止した工場等制限法など役割を終えた制度が、地域を衰退に追いやるといったこともありました。地域によって負のロックインの内容はもちろん異なりますが、海外では再生に向けて再活性化への道を歩み始めたとの報告もあります。グローバル化のなかで変わる企業への機動的即応、可能性が拡大する中小企業

／マイクロビジネスの進化促進、「起業」によるチャンスのまちの形成、など負のロックイン構造からの脱却は尼崎にとって喫緊の課題です（Katoh, Y. 2013）。大阪湾ベイエリアに関するこれまでの研究から、立地企業・事業所群のイノベーションへの姿勢は強く堅持されていることも明らかになっています。こうした知識のストックを常に更新・創造し、世界に向けて発信していくことが重要です。尼崎の産業に期待したいところです。

グローバル経済下の尼崎の産業

　日本企業が海外子会社を保有している割合は、全体の18.2%です。製造業の場合、さらにこの割合は高く25.7%、4社に1社が海外進出しています。しかも、この割合は毎年増加しているのです。こうした背景には、国内市場の縮小とアジアなど新興国市場の拡大、新興国の技術水準アップなどがあります。政府の調査によれば、企業が海外進出する目的としてあげているのは、かつての生産コスト削減、日本への逆輸入を目的とした国内生産代替型から、進出国やその近隣諸国の需要取り込みといった現地市場獲得型へと変化してきているのです。

　少子高齢化が加速する日本では、否応なく国内市場は縮小します。これまでの国内市場を中心とした経済活動の将来は、アジア開発銀行やエコノミストなど国際機関等の予測が示すとおり、弱体化する「老いたアジア」の象徴となることは必須です。しかし、世界が今世紀を「アジアの世紀」と呼称するなかに日本はいるのです。興隆するアジアを、新たな国内市場と位置づけることはできないでしょうか（伊藤2013）。日本経済、さらには地域経済の体質転換が進んでいます。

　一方、こうした企業の海外進出を尼崎市経済の側からみると、地域経済の空洞化といった懸念もあります。生産拠点の海外移転・進出が、尼崎での雇用消失、技術革新の停滞といったことを招かないのでしょうか。実際、リーマンショック後、海外進出企業は国内の生産拠点の雇用をそれまでとは異なり縮小している状況もうかがえます。一方、国内の研究・開発拠点の雇用が維持され

ていることに注目すべきでしょう。海外進出を果たした企業は、その生産性が向上するとの最近の研究もあります。海外の新しい知識や技術に触れ、そしてこれらを吸収することで、国内事業所を含むイノベーションに刺激を与えているともいえます。

海外進出企業は国内事業所の雇用を維持・拡大する意向を示しているところも多いようです。海外進出によって生産性の向上やイノベーションに直面する企業は、国内事業所も新たな世界分業を視野にそのオペレーションを再編し、企業内での位置づけを見直すことになるのでしょう。地域に形成されてきた企業間のつながりも、その変化は避けられないと感じます。

重要なことは、地域の産業が新しい変化に挑戦する土俵をつくることです。加速する企業の海外進出といった状況にたいしても、たえず新たな活動が地域の中に胎動し、これを産み育てていくメカニズムを持っていることです。地域の産業政策は、その土俵づくりにあるといってもよいでしょう。

新たな公と社会企業

2008（平成20）年、政府は国土形成計画（全国計画）の閣議決定を行いました。東アジアとの戦略的交流、環境、景観、安全をキーワードにして、新たな「公」との協働に期待するものでした。新たな公への展望は、2011（平成23）年6月にNPO法改正と市民公益税制が国会を通過したことで実現に向かうことになります。税額控除を可能にした今回の制度は、やや地味であまりマスコミでも取り上げられませんでしたが、従来からの日本社会の分配構造を変える画期的な仕組みでした。まちづくりの現場での政策実行を担うNPOや社会的企業のこれからの役割は大変大きいのです。この新たな公に関わる議論は、地域のガバナンスの問題でもあります。それは、誰がまちづくりの策定及び実践の主体かということと関わっているからです。この点で、尼崎で継続的に開催されている「集まり」は特筆に値するように思われます。

尼崎ソーシャル・ドリンクスに集まる若者たちの目は輝いて見えます。参加者はNPOや社会的企業などで仕事をしている人だけでなく、こうした活動に

関心がある会社員や学生などが関西一円から集まってきています。ほぼ毎月開催されるこの会合は、塚口や武庫之荘の小さな喫茶店を借り切って開催されています。最前線で仕事をしている社会起業家のミニ・プレゼンと交流会は、いつも熱気に満ちています。日本社会全体からみると、まだ離陸期にあるこの領域での活動には様々な形でリスクがつきまとっており、こうした情報共有の場での議論、そして経験の共有はその発展には欠かせないものといえそうです。

　社会的企業は、地域や社会の課題にこれまでにない視角から挑戦するイノベータとしての役割が期待されています。尼崎市内にも既にこうした挑戦の萌芽が見られます。少子高齢化のなかで混迷も予想される地域の将来を考えるにあたって、社会的企業はこれまでにない地域ビジネス・モデルを提案する大きな可能性を秘めています。

　ただ、日本での社会的企業の進化は世界の動きから見て進んでいるとはいえないようです。発展が遅れた背景には、こうした領域に関わる労働市場の仕組みの未成熟、社会的企業に資金獲得を含めた仕組みの整備が行われてこなかったことがあげられます。日本全体の制度設計とも関わる問題ですが、一方で地域の個性を基盤とした政策提案からその優位性を発揮することができる場でもあります。尼崎市には、日本経済を支えてきた頑健な地域経済の蓄積があります。これまで巧みに作り上げられてきた地域経済システムのなかに、こうした新たな活動を組み込むことによって、地域経済循環をいっそう強化し、同時に社会的課題解決にアプローチするといったこれまでにない仕組みづくりが喫緊の課題といってもいいでしょう。日本を先導する次世代地域経済システムの設計に他なりません（加藤2012）。

新たな都市産業政策の時代に向けて

　都市がサステナブルに発展するための産業政策について、近年、様々な角度から議論が行われるようになりました。その背後には、日本経済自体の構造転換、グローバル化など様々な要因が絡みながら、都市の経済が大きく変貌してきていることがあります。こうした変化に呼応する形で、都市の産業政策もそ

の在り方が模索されてきました。

　世界の都市経済政策は、1980年以降大きく変容してきています。1980年代以降、世界的に新たな地域レベルの産業政策への視点が勃興してきます。「新地域産業論」「地域イノベーションシステム」「産業クラスター」と様々な名前がつけられ、知識集約化・情報集約化の潮流の中で、新しいスタイルの都市の産業集積の姿を描き、また実際に構築する試みが続けられてきました。日本もその例外ではありません。共通しているのは、ある特定の分野に属し、相互に関連した企業から成る地域的に近接した企業や関連の結びつきに着眼したものでした。イノベーションの母体としての「ネットワーク組織」の存在が、地域経済の核となるというものなのです。

　尼崎を念頭に都市の産業政策を考えますと、次の２点が重要と思われます。第一は、尼崎固有の社会経済資源を再編成することで、地域産業のダイナミズムを刺激することです。山﨑朗は、これからの地域産業政策は、「全国各地に国際競争力を有し、生産性を高め、イノベーションを生み出すような産業クラスター形成を促すことであり、そのためには地方に蓄積されてきた企業群、大学、社会資本を有効活用することによって、発展する可能性の高い地域、産業を集中的に政策支援する」（山﨑2009）必要性を指摘しています。ただ、知識創造を担う産業集積に関しては、理論研究の蓄積は大きい一方、集積内部の連関構造を解明しその課題や政策を提示するにはいたっていません。ものづくりの基盤となってきた社会的分業とは異なる、知識創造を刺激する新たなタイプの地域循環の形成が尼崎の産業政策の観点から議論が必要です。

　第二は、尼崎経済が日本経済全体の構造変化と連動していることと関わっています。都市の産業政策を日本経済の「体質転換」から検討する必要性です。日本経済の「構造転換」は既に始まっています。所得収支の黒字が日本経済を支えているという構図が顕在化してきました。これまでの蓄積を対外的に運用して、その収益で国民の生活水準を維持する「成熟債権大国」への道を歩み始めているのです。そのためには、海外から日本への直接投資を促し、実物投資を賄い、余剰資金で海外への投資を行う資本の流れを作ることが必要です。日本人の暮らしを豊かにする活動の資金を海外から誘致するといった視点も必要

でしょう（林2012）。その意味で、今後、海外からの直接投資を促す仕組みづくり、そして異文化の経済活動が尼崎の産業と融合しイノベーションを起こす都市産業政策が必要です。

　いずれにしても、こうした尼崎産業発展のあり方について、様々な立場から議論をする「場」が重要といえるでしょう。

［参考文献］
伊藤元重（2013）『日本経済を創造的に破壊せよ』ダイヤモンド社
加藤恵正（2012）「被災地経済の再生と新たな発展―社会イノベーションの加速を―」『都市政策』146、12-19頁.
加藤恵正（2014）「大阪湾ベイエリアはBPE（Branch Plant Economy）の罠から逃れることはできるのか？」近畿都市学会編『都市構造と都市政策』、古今書院、141-147頁.
林敏彦（2012）「成熟した債権国へ」『金融』782、3-7頁.
山﨑朗（2009）「人口減少時代の地域政策」『経済地理学年報』55、35-44頁.
Hassink,R.（2005）How to unlock Regional Economies from Path Dependency? From Learning Region to Learning Cluster, *European Planning Studies* 13-4, pp.521-536.
Katoh,Y（2013）*Transformation of a Branch Plant Economy: can the Osaka Bay Area escape the rust belt trap ?*, Working Paper, No.224, Institute for Policy Analysis and Social Innovation, University of Hyogo, 2013.

特集に寄せて

II 経済と環境が両立する都市へ

稲村　和美
尼崎市長

「尼崎市は、主な地図記号が揃っているまち」
　先日、尼崎市の都市計画マスタープランの改定作業にご尽力下さった審議会委員の一人が、おっしゃった。なるほど、本市には山と坂道こそないが、住宅、商業、工業、農業……海と川に囲まれ、運河まである。コンパクトな市域にたくさんの宝が詰まっている。
　一方で、右肩上がりの高度成長期からバブル崩壊、少子化・高齢化が進み、人口減少局面へと我が国が大きな転換期を迎えるなか、阪神工業地帯の中核として発展してきた我がまちも、そういった時代の変化の影響を大きく受けている。1970（昭和45）年という早い時期に人口がピークになり、そこから10万人の人口が減少。かつてのような税収や競艇収入が望めなくなった上に、多額の負債の返済と扶助費の増大が重くのしかかる。
　とはいえ、私は、社会経済環境が変わったことそのものが問題なのではないと思っている。問題なのは、その変化に、我が国のさまざまな制度や仕組みが対応しきれていないことだ。ダーウィンの進化論にあるように、環境の変化に適応できたものが、生き残る。「持続可能な都市」とは、「時代の変化に適応できる都市」だと思う。
　では、尼崎はどのように「時代への適応」を進めるべきか。公害や災害と苦闘しながら、産業都市として発展してきた。交通至便なのが強みで、現在では、働く人を受け入れる産業都市の側面と、働きに行く人が暮らす住宅都市の側面の両面がせめぎ合っている。また、兵庫県でありながら、電話番号の市外局番は大阪と同じ「06」。気取らず飾らない独自の気風と、高度成長期に西日本を中心とする多くの地域からの人口流入に支えられてきた多様性が息づく。

こうした尼崎というまちの持つDNAを踏まえつつ、多様な人々を受け入れ育んできた包容力や、公害などの課題にも粘り強く取り組んできた力を発揮し、産業都市としても新たなステージに進むことが必要だ。

　また、尼崎は若者にとっても暮らしやすいまち。ただ帰ってきて寝るだけのまちではなく、多くの人々が出会い、さまざまな刺激やつながりの中で経験を蓄積できる、人材育成機能のあるまちだと思う。地域社会や産業構造の変化、ライフスタイルや雇用環境の多様化、少子化・高齢化が進行する時代における都市の課題は、その解決のために新たな発想と取組み、すなわちイノベーションを必要としている。既存産業のイノベーションを支援するとともに、イノベーションの担い手を呼び込み、育て、活かすまち、これが尼崎の目指すまちづくりだと考えている。

　このような考えの下、市長に就任して以来、力を入れて取り組んできたのが、「経済と環境の共生」と「ソーシャルビジネスの振興」だ。

「ECO未来都市・尼崎」共同宣言

　2010（平成22）年度、折しも私が市長に就任する直前に、尼崎商工会議所の100周年を記念し、本市の産業界5団体（尼崎商工会議所、尼崎工業会、尼崎経営者協会、尼崎信用金庫、尼崎地域・産業活性化機構）と尼崎市で「ECO未来都市・尼崎」共同宣言がなされた。

　公害問題と向き合ってきた尼崎市においても、環境と経済が衝突する時代は過ぎ、むしろ環境への取組みを経済活性化のエンジンとするべき時代だということが共通認識になりつつあり、大変恵まれた環境で市長に就任させていただいた。

　そもそも私は、本気で環境を守るなら、「環境に負荷をかけない、環境に配慮する企業の方が儲かる社会」にするべきだという思いを強く持っていた。そして、従来の産業政策が曲がり角にきているという問題意識も強かった。もとより、今の尼崎市には巨額の歳出を伴う政策を実施する財政余力がないこともあるが、財政出動でカンフル剤が効いている間だけ経済が活性化するというの

ではなく、経済環境の変化と向き合い、地域の企業が新しい時代に対応した競争力を持てるよう支援する視点にたった産業政策が必要だ。

　市長選の公約においては、環境ビジネスで地域経済を活性化し、雇用環境の改善を目指す「尼崎版グリーンニューディール」を掲げた。今を生きる私たちの生活の質の向上と次世代によりよい環境を引き継いでいくための理念や、場合によっては規制や新しいルールが、まちに新しい価値、新しい需要を生み出し、その新しい需要に地元の産業や企業が応えられるように支援するという流れを作ること、また、環境ニーズに応えていく企業の負担を軽減するとともに、そういった取組みを付加価値として広めていくことを目指すものだ。

　この取組みを、産業界とともに「ECO未来都市・尼崎」を目指す市の政策パッケージとして位置づけ、推進していくこととした（尼崎版グリーンニューディールの詳細は福嶋論文を参照）。

理事の招聘と「経済環境局」の新設

　地元産業界の皆様と政策の方向性が相思相愛だということに力を得た私は、早速、庁内の体制作りにとりかかった。まず、個人的な勉強会で志を同じくしていた環境省の若手、福嶋慶三氏を尼崎市に政策担当理事として招聘した。実をいうと、福嶋氏は海外派遣の候補者に名前があがっていたのだが、これからの環境省にもっとも必要なのは、都市運営全体を持続可能なものにするためのビジョンや経験のはずだと口説き落とし、環境省に直談判で「彼をぜひ尼崎に」とお願いに行った。行政はよく縦割りの弊害を指摘されるが、経済と環境を有機的に結びつけ政策化していくためには、産業や環境の所管課はもちろんのこと、交通や住宅、公共施設、教育といった所管を超え、全庁的な問題意識の共有と連携が不可欠となる。そこで、政策担当理事を局長級で配置し、局を超えた政策調整がスピーディーに進むようにした。

　さらに組織の再編成を実施し、「経済環境局」を新設した。それまで尼崎市には、産業と経済の政策を担当する「産業経済局」があり、一方で環境問題は、ごみ問題など生活に密着した事柄が多いということで、市民窓口などの市

民サービス部門とともに「環境市民局」が所管していた。一般的に、環境部門は企業に規制をかけ、産業部門はできるだけ企業活動を自由に活性化させることをミッションとしており、例えば、国で経済産業省と環境省を合体させることは極めて難しいと思われるが、このように機動的に、新たな政策目的の達成のための組織再編などに取り組めるのが地方自治体の強みだ。「ECO未来都市・尼崎」を目指す市の姿勢を内外に示すことにもつながったと思う。

「環境モデル都市」への挑戦

　持続可能なまちづくりも、「経済と環境の両立」「経済と環境のWIN-WINの関係」も、尼崎市の専売特許ではないが、実際にその理念の政策化、ビジネス化に成功している都市はまだ少ない。そこで国でも2008(平成20)年より、世界的に進む都市化を見据え、持続可能な経済社会システムを実現する都市・地域づくりを目指す「環境未来都市構想」が進められている。環境未来都市とは、環境や高齢化など人類共通の課題に対応し、環境、社会、経済の三つの価値を創造することで「誰もが暮らしたいまち」「誰もが活力あるまち」の実現を目指す都市・地域とされ、まずは、低炭素社会の実現に向けて高い目標を掲げ、先駆的な取組みにチャレンジする「環境モデル都市」に選定されることが、その第一ステップとなる。

　2008(平成20)年度にすでに全国から13都市が環境モデル都市に選定されており、産業団体とともに「ECO未来都市・尼崎」宣言をした本市としても、その名を同じくする「環境未来都市構想」に無関心でいるわけにはいかないと思っていたところ、2012(平成24)年度に追加選定が行われることが分かった。

　しかし、長きにわたる減量型行財政改革の取組みで市役所全体が運動不足に陥っていた中、経済環境局は、新しい体に「尼崎版グリーンニューディール施策の構築と推進」という新しいミッションを背負い、さらに東日本大震災の瓦礫受入れの是非をめぐる対応に追われていた。庁内には、今から環境モデル都市にエントリーするには時間が足りないという空気が漂っていた。しかし、こ

んな時こそ、「弾丸レディー」と加藤理事長にあだ名されている私の出番。環境モデル都市になること自体は目的ではなく手段であり、プランを具体化し、連携団体との共通認識を深めていくプロセスこそが重要なのだから、「結果はどうあれ、チャレンジすべし」と号令をかけた。

チームワークが本市の財産

　環境モデル都市はそれなりに狭き門だ。尼崎版グリーンニューディールを中心とする各施策の具体的な実績はまだ出ていないという段階で、正直、私も一発で選定を受けるのは難しいだろうと覚悟していたのだが、何と見事、本市は第二次環境モデル都市の選定を受けることができた。

　産業都市、すなわち、エネルギー消費地としての特徴を踏まえ、経済と環境の両立を目指しつつCO_2削減に挑戦する取組みが評価されたのだが、その原動力となったのは、庁内・庁外の関係者が一丸となって目指すべき方向性を共有し、連携が取れているという本市の「チームワーク」だった。書類審査をパスした後の最終審査、東京（内閣官房地域活性化統合本部）でのプレゼンテーションの参加者が5名までということで、まずは市政運営のトップ・市長である私、プロジェクトリーダーである理事、新設した経済環境局の局長と、庁内体制を示す3名を選出。そして、「ECO未来都市・尼崎」共同宣言団体である産業界を代表して商工会議所から1名。さらに、市民・学校・企業・行政がともに環境に関する開かれた学びの場を提供し、市民の環境活動を応援するための「あまがさき環境オープンカレッジ」実行委員会の市民メンバーから1名。庁外からも急遽2名に東京行きを了承していただいた。

　メインのプレゼンテーターは私が務めることになり、行きの新幹線でメンバーと意見交換しながら猛練習！「新幹線では、もう少し小さい声で」とメンバーに叱責されながらの追い込みだったが、プレゼン、質疑の全般を通じて、私たちの普段からの関係の蓄積、チームワークが審査員の方々に伝わったことが大きかったと思う。何より、私たち自身にとっても、立場を超え、環境モデル都市、ECO未来都市の実現に向けて改めて一歩を踏み出す、まさに象

徴的な時間となった。

　無事に環境モデル都市となった今も、商工会議所の吉田修会頭がどんな会合のご挨拶でもこれらの取組みに触れて下さり、私の言うことがなくなってしまうほどだ。このチームワークこそ、産業都市としての本市の大きな財産だと実感している。

尼崎地域産業活性化機構への期待

　2014（平成26）年度から具体化に取り組んでいる環境モデル都市のアクションプランは、CO_2の削減、省エネの実現が大きな目標となる。しかし、大規模工場が撤退した結果、CO_2の排出量が減るというのでは、素直に喜ぶわけにいかない。産業都市として、景気回復局面にいかにCO_2の排出を抑制するかという観点から、①製造過程における省エネ、②運輸・物流のグリーン化、③本市企業の技術・製品による広域でのCO_2削減への貢献の3つの柱を掲げた。それぞれの柱に沿って、省エネ設備導入支援、低公害車の利用促進、エコ製品の販促支援等を実施しているが、課題は、それらの成果や取組みの進捗をどのように指標化し、見える化するかという点だ。地域経済活性化と環境への貢献、両面における指標を工夫していく必要がある。

　経済環境局においても、従来の産業施策を含め、目的と効果を検証し、今後の目標を明確にするための事業の見直し作業を進めているが、本市の外郭団体である尼崎地域産業活性化機構にも、ぜひ力を発揮してもらいたいと期待している。機構にはさまざまな事業を委託しているが、やはり、その存在価値の真髄はシンクタンク機能だ。機構の調査・研究と本市の政策立案の連携を高めたいと、2013（平成25）年度からスタートした本市の新たな総合計画を策定の審議会で座長を務めていただき、本市産業界との関係も深い、兵庫県立大学の加藤恵正先生に理事長就任を打診したところ、快諾していただいた。早速、機構の職員のみならず、本市職員も含めて勉強会を開催していただくなど、精力的に動いていただいている。

　もちろん、シンクタンク機能を強化するといえども、机でジッとしているイ

メージではない。これまで蓄積してきた産業界とのつながりを活かし、市民・事業者・市役所の結節点となりうるダイナミックな活性化機構を目指して、ともに取り組んでいきたい。

イノベーションを支援する

　時代は量から質へ。商品のコモディティ化が急速に進み、確かな技術で日本の高度成長を支えた製造業も、厳しい価格競争にさらされる時代になった。新しい価値観やニーズにどのように応え、新規サービスや高付加価値型のビジネスにつなげていくのか。産業政策を立案する上でも、本市モノづくりの集積を活かしつつ、都市課題の解決や新たな地域ニーズに応えるソフト産業や、起業支援などに視野を広げる必要があると同時に、その担い手の育成や、新たな技術やサービスの組み合わせによる新ビジネスをどのように育み、支えていくかという点が重要になっている。

　私自身、阪神・淡路大震災でのボランティア活動を原体験としているが、問題を発見、設定する力、その問題を解決するために学び、行動する力、そしてコミュニケーション力といった力は、目の前の切実な課題に向き合う中から育まれること。そして、多様な分野からの相互乗り入れが新たな展開を切り拓く可能性を実感してきた。私が、ソーシャルビジネスの振興に力を入れる所以でもある。

　本市では現在、ソーシャルビジネスコンペを実施しているNPO法人と連携して「尼崎コース」を設置し、尼崎のまちの課題の解決を提案してもらう取組みや、起業支援策の拡充に向けた検討を進めているが、折りしも、兵庫県立大学が、自治体と連携して進める「知（地）の拠点整備事業」の選定を文部科学省から受けられるにあたり、尼崎市とソーシャルビジネスをテーマに連携していくこととなった。

　また、行政が担ってきた事業を行政の都合で民間委託するのではなく、民間の発議・提案によるソーシャルイノベーションを呼び込み、市の担当と調整がつけば、民間委託を進めるという「提案型事業委託制度」を導入し、多様な主

体の参入、経験機会の向上と市民サービスの向上を目指している。この度、2014（平成26）年度から、先述の「あまがさき環境オープンカレッジ」の事務局機能がこの制度により委託業務となった。実行委員会が発展的にNPO法人となり、これまで以上に意欲的な取組みを展開しつつある。もちろん、委託するのは「事務局機能」であり、環境オープンカレッジの事業推進には、市も引き続き参画する。

新ビジネスを育むまちづくりに向けて

　このような取組みは、職員の育成、市役所の改革という点においても大きな力になると感じている。市役所は、自身が公のサービスを担うだけではなく、多様な主体の力を最大化するためのコーディネート機能を発揮しなければならない時代になっている。そのために必要なセンスや能力は、市役所の外の人々とともに取り組んでいく中からこそ育まれる。市役所はイノベーションが得意ではないし、それが主任務でもない。だからこそ、自らのアンテナを高くして、多くの人と交流し、イノベーションを支援するための力をつけることが求められている。立場の異なる者同士が想いを同じくして、弱みを補い、強みを持ち寄る連携をしていくことが重要だ。

　産・官・学の連携が言われるようになって久しいが、ここ、尼崎で、まさに生きた連携が着実に芽を出しつつあると感じている。古来、交通の要衝として、交流の拠点として栄えてきたこのまちで、さまざまな人材が育まれ、刺激しあい、その出会いが新たな技術やビジネスモデルにつながっていくことが、「経済と環境の両立する都市・ECO未来都市・尼崎」実現に不可欠な要素だと思う。

　尼崎の挑戦はまだ緒についたばかりだが、想いが政策になり、そして成果につながるよう、私も全力を尽くしていく所存だ。

III 「ECO未来都市・尼崎」へのスタート

菊川　秀昭
前公益財団法人 尼崎地域産業活性化機構　常務理事

　2010（平成22）年11月29日、尼崎商工会議所、尼崎経営者協会、尼崎工業会、尼崎地域・産業活性化機構（現尼崎地域産業活性化機構）、尼崎信用金庫及び尼崎市は、「ECO未来都市・尼崎」宣言を行った。

　宣言の趣旨は、尼崎産業が持つ環境・エネルギー技術を導入し、ものづくり産業や地域の活性化を目指すというものである、その実現には、根気よくまた力強い活動が永く続けられることが重要である。共同宣言から4年が経過するが、これまで共同宣言した6団体がそれぞれの役割をもって連携し、宣言の趣旨を生かして尼崎版電気自動車の制作やECOシンポジウムの開催などの取組みを共催事業として行ってきた。

　この間、トップの交代や、人事異動などにより事務方として関わってきた担当者も交代しているが、今後とも、宣言が行われた当初抱いた熱意を絶やさず引き継いでいくことを忘れてはならない。本書の発刊に際し、事務方において関わった一員として、宣言に至る経緯を振り返っておきたい。

1　都市活性化を目指してオール尼崎で

　尼崎産業の歴史をみると、明治時代にはすでに近代工業の紡績工場の操業がはじまり、その後、臨海部を中心に鉄鋼や化学などの重厚長大型の産業が発展した。内陸部には、一般機械や電気機械などの加工組立型の産業が数多く立地、多種多様産業が集積し、尼崎市は阪神工業地帯の中心をなす都市として栄えてきた。しかし、都市の発展過程においては、大気汚染など公害問題の発生や工業用水のくみ上げによる地盤沈下などの環境問題を抱えることとなり、

その結果として、市のイメージを低下させることとなった。法規制による工場立地の減少や市外移転、さらには我が国の産業の構造変化とも相まって、工場跡地の遊休地の出現や産業そのものの停滞を招くことになった。

これに対して、尼崎市では、新規産業の育成や構造変化に対応する工業の高度化など数々の産業振興施策が展開された。また工業団地の建設や企業立地促進条例にみられる新たな企業誘致や既存企業の建替え支援などによる産業の活性化にも取り組んできた。

市内企業においては、生産技術の高度化、研究開発による新たな生産活動とともに、技術革新に支えられた公害防止などに積極的に取り組まれ、環境改善における成果は目覚ましいものがある。

そして、市内産業の活性化を目指して、行政はもとより、市内に組織・立地している多くの産業支援機関や企業で組織される経済団体、さらには各種の金融機関が、それぞれの機能を発揮して産業支援活動を行ってきた。

とりわけ、多くの市内企業で組織された中核的組織である尼崎商工会議所、尼崎工業会及び尼崎経営者協会にあっては、それぞれの役割を前提としながら、大学や行政との連携を進めるなかで、企業のイノベーションを促す、人材育成や経営相談、取引拡大の支援、ものづくり企業の技術開発支援など、力強い産業支援活動を行っている。

また、企業活動において必要不可欠な資金の融通を通して地域内企業を育て、地域経済を支える地域金融機関の役割は重要である。

これら経済団体や金融機関に、産業の振興と都市問題の解決を目的に設立された尼崎市の外郭団体である尼崎地域・産業活性化機構を加えて取り組んだのが、「ECO未来都市・尼崎」宣言である。

尼崎地域・産業活性化機構の理事会には、市内経済団体や地域金融機関である尼崎信用金庫のトップが就任されていることから（公益財団法人に認定された後は評議員に就任されている）、同理事会において、尼崎の産業振興や地域活性化策を議論するなかで、これまで以上に協力・連携して共同で取り組めば、より強い影響力をもって地域活性化という共通の目的を果たしていけるの

ではないか、尼崎市の活力につながる流れを起こしていくことができるのではないかという発議がなされた。

　意見交換の中で、従前からも、個別には連携して事業を行うことはあったが、オール尼崎というスタイルで尼崎の関係団体が共同で活動していこうという取組みは、あまりなかったのではないか。その実行のためには、共通の具体的なテーマを設定し、オール尼崎で取り組んでいくという方向で意見の一致が見られた。

　これを受けて、尼崎市産業経済局は、こうした流れをぜひ実行に移したいという強い熱意を持ち、尼崎商工会議所、尼崎経営者協会、尼崎工業会、尼崎地域・産業活性化機構及び尼崎信用金庫の5団体のトップ（一部代理出席を含む）による会議設定の調整役を担うこととした。

2　代表者会議、そして「共同宣言」へ

　経済4団体（尼崎商工会議所、尼崎経営者協会、尼崎工業会、尼崎地域・産業活性化機構）と尼崎信用金庫のトップが一堂に会し、「経済団体による尼崎市の秀逸技術アピール事業テーマ出し会議」を開いた。会議は尼崎市産業経済局長が進行役となり、各団体から事務方のメンバーが同席した。

　第1回会議は、2010（平成22）年8月26日、尼崎市中小企業センターにおいて開催された。会議の目的は、まず、尼崎産業が有している高い技術力をアピールすることで、尼崎のイメージを飛躍させるテーマを見出そうとしていた。テーマを絞るにあたり、多くの発想を出していただくための呼び水として、エコ住宅材料の供給、尼崎ニューブランドの創出、東大阪を例にしたプロジェクト、燃料電池など環境に優しい技術の開発などの事例提示を行い、その後、フリーな意見交換が行われた。発言は、「尼崎のイメージアップが重要」「エコ、環境は外せない課題」「電気自動車が面白い。要素技術としてはある。他市で三輪に取り組むところが紹介されていたので、四輪を取り上げては……」といった内容の他、無電柱化、観光、そろばん特区、カーシェアリング、環境優先条例など様々な手法や切り口が提起された。

第2回会議は、同年、10月4日に開催された。ゲスト企業として、自動車関連の金属加工業経営者に参加していただき、ゲスト企業から電気自動車にかかる内外の取組み、特にバッテリー関連の開発状況を説明いただき、中小企業が取り組む電気自動車事業を中心に会議を進めることとした。ここでは、「達成年度の設定が必要」「電気自動車、観光、エコを組み合わせることが必要」「単品でやるのでなく、仕組みでテーマ出しすることが重要」「太陽光発電などもエコとして推進できる」といった意見などをもとに議論を行った結果、"産業と環境"との共生をテーマに多様な事業に取り組んで行くこととし、まず尼崎市として「環境都市宣言」をしてもらうことを要望していくことが決まった。

　後日、経済団体を代表して、尼崎商工会議所会頭が尼崎市長を訪問し、これまでの経緯、趣旨の説明とともに「環境都市宣言」の要望を申し入れたところ、尼崎市が環境を大切にしながら、そのことによって産業の活性化も図るという考え、また市のイメージが改善していくことは望むところであり、5団体が連携して取り組んで行くということであれば、市も加わり、共同で宣言するのがよいのではないかという提案がなされ、より大きな取組みが可能になるとして、持ち帰り宣言文案も検討し、共同宣言にふさわしい宣言文ですすめることになった。

　第3回会議は、2010（平成22）年11月15日に行われた。尼崎市長との面談の中で意見交換された要旨が報告され、提案どおりでの共同宣言とすることで一致した。

3　「ECO未来都市・尼崎」宣言の記者発表

　2010（平成22）年11月29日、尼崎商工会議所において、尼崎商工会議所会頭、尼崎経営者協会副会長、尼崎工業会理事長、尼崎地域・産業活性化機構理事長、尼崎信用金庫理事長、そして尼崎市長が一堂に会し、記者発表を行った。

　「環境が活きづくまちは美しい」をサブタイトルに掲げ、「産業と環境が共生するエコライフスタイルの実践」と、「人、まち、企業が活きづく都市景観の創造」を軸とした宣言文が読み上げられた。この席で、産業団体トップから

は、「エコな産業でまちおこしをしたい。環境をキーワードに、尼崎発のビジネスモデルを作っていきたい」との発言や、尼崎市長からは「経済団体との連携を密にし、尼崎全体で産業・地域振興に取り組む」との意気込みが発せられた。

　宣言の趣旨に則って、尼崎版電気自動車の制作や連携事業としてシンポジウムなどによる啓発、また各団体が多種多様な事業に取り組んできたことは、本書においても随所に表現されているところである。

「ECO未来都市・尼崎」宣言
～環境の活きづくまちは美しい～

平成22年11月29日

尼崎市は、阪神工業地帯の中核を担う工業都市として、我が国の産業の発展において重要な役割を果たしてきた。また、その過程での様々な経験を活かし、近年では、全国でも有数の環境先進都市としての地位を確保している。

今こそ、我々、尼崎の産業界は「ECO未来都市」を目指し、産業活動のあらゆる場面で、先駆的な環境・エネルギー技術を活用、導入するなど、尼崎発の独創的な新しいものづくりのスタイルを創出し、ものづくり産業の活性化を図っていくべきと考える。

そこで、尼崎の産業界は各団体が連携し、尼崎市民とともに、持続的な成長・発展が可能な"環境の活きづくまち"の実現を図ることに合意し、以下の2つの方向性に基づき、創造的な産業活動に積極的に取り組むことを宣言する。

「産業と環境が共生するエコライフスタイル」の実践

「人、まち、企業が活きづく都市景観」の創造

尼崎商工会議所　会頭　吉田　修
尼崎経営者協会　会長　稲葉嘉昭
協同組合尼崎工業会　理事長　中村孝
財団法人尼崎地域・産業活性化機構　理事長　宮崎文雄
尼崎信用金庫　理事長　橋本輝之
尼崎市　市長　白井文

[注]
宣言書の署名は当時の団体のトップであり、文中についても同様である。

特集論文

Ⅳ 尼崎信用金庫のCSRとしての地域貢献

橋本　博之
尼崎信用金庫　会長

1　尼崎信用金庫の沿革・概要・経営方針

　1921（大正10）年6月6日、阪神間の工業都市尼崎において、当金庫の前進である「有限責任尼崎信用組合」が設立された。当時は、第一次世界大戦後の不況時にあり、尼崎一帯の中小企業、商店及び庶民の救済を目的に設立され、「郷土のお金を郷土に資金化」をモットーとし、以来この精神を引き継ぎ、1951（昭和26）年に信用金庫法の施行に基づき尼崎信用金庫へ改組した。

　1965（昭和40）年に第一貯蓄信用金庫（大阪市）と、1974（昭和49）年には浪速信用金庫（大阪市）と合併し、尼崎浪速信用金庫となった。1989（平成元）年に新本店完成を機に再び尼崎信用金庫として名称変更を行った。

　2013（平成25）年9月末現在、尼崎市内に29店舗、尼崎を除く兵庫県下に36店舗、大阪府内に27店舗、インターネット支店1店舗を含む93店舗で営業を行っている。会員数は141,351人、役職員数は1,542人であり、預金は2兆3,670億円、貸出金は1兆1,941億円、自己資本比率は19.20％の規模となっている。

　当金庫の経営基本方針は、「金融機関本来の使命の達成に邁進し、金庫の繁栄、職員の幸福、地域社会への貢献を通じてわが国経済の発展に寄与する」と掲げ、協同組織金融機関本来の使命をまっとうするものとしている。われわれ信用金庫は株式会社である銀行とは異なり、金融機関の仕事を通じて地域の活性化に貢献することはもちろん、それだけでは地域金融機関としての使命を果たしているとは言えないと考えている。そういう意味においては、協同組織金融機関が従来から行っている、地域社会への貢献そのものが「CSR」に通じる

活動であり、今も昔も変わらない活動であると言える。

2　バブル経済崩壊以降の社会の流れ

　バブル経済崩壊後の日本経済は長期的な景気低迷が続き「失われた10年」と言われ、金融ビックバンと厳しい環境下において、信用金庫業界では生き残りをかけた個々の取組みが展開されていた。

　当金庫は、1997（平成9）年度から始まる当金庫3ヵ年計画において、「よりきめ細かく、そしてダイナミックに地元に密着した信用金庫」を意味する「スーパーリージョナルバンクを目指して」を計画標題とした。また、スーパーリージョナルバンクを目指すという願いと決意を込め、「地域のオンリーワンバンク　あましん」のブランドイメージの確立を進めた。

　そのような状況下の1999（平成11）年に私は理事長に就任し、金融ビックバン対応の経営方針に「顧客から信頼され、支持される体制を築く」を掲げ、「地域のベストバンク」へ向けた経営体制の改革を行った。

　2002（平成14）年には政府が、「総合デフレ対策」の策定とあわせて、その柱の一つとなる「金融再生プログラム」を策定。「金融再生プログラム」では、金融審議会で信用金庫などの中小・地域金融機関の不良債権処理問題を含めた、「リレーションシップバンキング（略称リレバン）」のあり方を検討することになり、2003（平成15）年3月にリレーションシップバンキングの機能強化に向けての報告書が公表された。その主旨は中小・地域金融機関が「リレバン」という地域密着型金融の機能を強化することを通じて金融再生の一翼を担うことにより、大手銀行とは異なった不良債権問題の解決を求めるというものであった。

　リレバンは、一般的には「金融機関が顧客との間で親密な関係を長期的に維持することによって顧客情報を蓄積し、その情報を基に貸出などの金融サービスを提供することで展開する金融ビジネスモデル」と定義され、メリットとしては長期的な関係を前提することにより、景気変動にかかわらず貸出金利が平準化されやすいこと、また借り手企業が経営危機に陥った場合でも、貸し手主

導による企業再生などへのコミットメントが期待できること、などがあげられる。

わが国においては、リレバンの中心的な担い手は、地方銀行、信用金庫、信用組合など、地域が限定され、特定の地域、業種に密着した営業展開を行っている金融機関になる。中小企業は自己資本が小さく、必要資金の多くを借入金に依存している実績があり、その最大の経営課題である安定的な資金調達のためには、長期継続的なリレーションシップを築いている中小・地域金融機関が果たす役割は大きくなる。その意味で、リレバンの機能強化は、金融再生プログラムの目的の一つである中小企業対策にもつながるとされていた。すなわち、政府が中小・地域金融機関のあり方を施策として確立し、借り手とのリレーションの重要性を改めて説いたものでもあった。

3　地域貢献への取組み

こういった金融機関のあり方は、協同組織金融機関本来のあり方であるとともに使命でもある。さらには、貸し手と借り手のリレーションに留まらず、地域社会との関わり方についても、従来からの経営基本方針に組み入れ、経営活動を行ってきたのが当金庫の経営スタイルであった。

したがって、当金庫は従来からも現在のCSRと呼ばれる地域貢献を実施しており、金融以外の関わりにおいても、常に地域社会や地域の人々とともにアクションを起こす企業であり、今後も永年に亘り実践してきた協同組織金融機関としての役割と地域活性化への積極的な取組みを実施していきたいと考え、当金庫では「社会や地域に貢献する活動は本業である」という基本姿勢に基づいて、社会・文化・スポーツなど多岐にわたる分野で以下のとおり地域貢献を積極的かつ継続的に取り組んできた。

4 社会的な地域貢献

(1)「あましんセーフティプロジェクト」

創業85周年記念事業の一環として、2006(平成18)年7月から新しい地域貢献活動「あましんセーフティプロジェクト(ASP)」を立ち上げた。プロジェクト内容は、当金庫の渉外係が携帯している「ココセコム」(緊急発信機能付GPS位置測定器)と、阪神間を中心に展開している90店舗の高密度店舗網を最大限に活用して、「地域の犯罪、今すぐココで通報します」をキャッチフレーズに、地域に根ざした防犯活動、特に低年齢児童をねらった犯罪への防犯活動として展開している。

具体的には、①本支店と出張所を警察の「子供を守る家」として登録し、店頭にステッカーなど掲示、②職員は全員プロジェクト(ASP)ワッペンを着用し、渉外係は営業活動の際に必ず「ココセコム」を携帯する、③職員は、日常的に地域住民や地域の子供たちへの積極的なあいさつを行い、地域との密着度を今まで以上に重要視する、④渉外係が使用する営業用単車・自動車などへプロジェクト専用ステッカーを貼付する、⑤万一、「ココセコム」を携帯する職員が犯罪現場などを目撃し、一市民として可能な防止行為のレベルを超えていると判断し、110番などの通報も困難な場合には、「ココセコム」の緊急発信を行う、などを定めた。また、実際に子供から救助要請があった場合は、迅速かつ適切な対応として、営業店内での一時保護、警察・消防への通報、子供の自宅への連絡などの事例を定めた通報要領も策定した。

(2)「AED(自動体外式除細動器)の全店設置」

創業85周年記念事業の一環として、全店にAED(自動体外除細動器)の設置を行った。操作方法を習得するために、尼崎市消防局から15名の隊員の方を講師に迎え、各部室店の職員を対象に「普通救命講習会」を順次実施した。延べ600名の職員が受講し、2006(平成18)年8月末本支店をはじめ尼信会館な

ど合計100ヵ所にAEDの設置を完了した。

(3)「チャレンジ100」運動

当金庫では、2007(平成19)年4月から飲酒運転根絶に向けて「アルコール検知器」を導入するとともに、自転車運転マナーの向上を図るため「自転車の交通安全ブック」を本部各部署に配布するなど安全運転に万全を期している。また同年10月から兵庫県と大阪府で毎年10月に実施されている交通事故・交通違反「ゼロ」運動に参加した。この運動は、交通ルールの遵守とマナー向上を図るため、各警察本部や交通安全協会などの共催により事業者などが10人1組のチームを編成し、兵庫県では「チャレンジ100」の名称で100日間、大阪府では「チャレンジコンテスト」の名称で6ヶ月間それぞれの期間の無事故・無違反をめざすものとしている。この運動には、2008(平成20)年度以降も毎年100チーム、1,000人の体制で参加しており、2012(平成24)年度からは「チャレンジ365」と題し、全役職員が1年間を通じて無事故・無違反運動に取り組み、日頃から意識を高めることを狙いとした。

(4)尼崎市「10万人わがまちクリーン運動」への参加

尼崎市は市制80周年を契機に市、市民、事業者が一体となって、駅や公園、道路などの美化を推進する運動「10万人わがまちクリーン運動」を実施している。当金庫では、創業75周年(平成8年)の年から、全営業店、本部で定期的に「地域清掃活動」を実施していることから、尼崎市の「10万人わがまちクリーン運動」に協賛し、毎年春秋の2回、各営業店の近隣や本部周辺地区の清掃を実施している。

(5)あましん「おかね寺子屋」

地域貢献活動の新しい取組みとして、2007(平成19)年6月地域の子供たち

に「金融の基礎知識」や「お金の大切さ」を学んでもらう金融教育プログラム、あましん「おかね寺子屋」を開講した。当金庫の職員が、地域の小中学校、高校に出向いて、「働くこと、貯蓄することの大切さ」や「ローンの仕組み」などの金融知識を子供たちに分かりやすく解説する、いわば「お金の出前授業」である。「おかね寺子屋」は要望のあった個別学校単位で順次実施しており、地域の未来を担う子供たちのためのユニークな教育活動として新聞などでも取り上げられた。開始以来これまで延べ54校151クラス4,565人の生徒たちが参加した。

5　文化・スポーツに対する地域貢献

（1）「尼信地域振興財団」

当金庫は、1971（昭和46）年に創業50周年記念事業の一つとして「尼信地域振興基金」を設け、緑化事業など地域社会への奉仕活動を行ってきたが、その後の地域の環境変化に即して活動を充実させるため、1978（昭和53）年1月に組織を改変して「財団法人尼信地域振興財団」を設立し、2012（平成24）年4月には一般財団に改組した。同財団では、住みよい豊かな生活環境づくりの一助として、コミュニティ活動など地域の福祉向上の活動と、公共的施設の整備事業等を進めている。

平成18年度から同財団とともに地域貢献活動を推進するため、財団の事業活動の主旨に沿って、新たに支援・助成を希望する兵庫県内の地域団体などの推薦制度を設けた。こうした財団の支援に対して尼崎市から感謝状が贈られ、その後も地域貢献活動を主に助成を続けている。平成25年度は平成25年12月までに56件、2,200万円程度の助成を行った。

（2）「尼信会館」

創業80周年記念事業のなかで、当金庫の永年にわたる社会貢献活動を象徴す

る事業として本店別館北隣に「尼信会館」を1999（平成11）年7月着工し、2001（平成13）年6月にオープンさせた。尼信会館は、外観は尼崎城をイメージさせた白壁のデザインとした。当金庫の地域交流活動や芸術文化発信の拠点として、館内には地域とのコミュニケーションにも使えるコミュニティスペースなどを設置した。また2階の常設展示室には、当金庫が所蔵する国の重要文化財や尼崎市指定文化財などを展示する「城下町尼崎展」と「あましんコインミュージアム」を開設した。「あましんコインミュージアム」には、世界の金貨101カ国650枚、世界の銀貨162カ国3,500枚を常設展示し、特に珍しいものはパソコンを使って検索できるようにした。

（3）「世界の貯金箱博物館」

創業70周年記念事業として、1990（平成2）年12月「世界の貯金箱博物館」を開館した。この博物館は、地元に親しまれてきた旧「昔の貯金箱博物館」を併合し、本店別館低層棟1、2階に拡張リニューアルオープンしたものである。年間1万人を超える来館者を集め、博物館としての活動の輪も広がっている。2005（平成17）年度には「第8回信用金庫社会貢献賞」の「Face to Face賞」を受賞した。

（4）「尼信ブラスフェスティバル」

創業80周年記念事業の一環として、2001（平成13）年11月にスタートした芸術文化支援活動である「尼信ブラスフェスティバル」も当金庫恒例活動として定着してきた。「尼崎を吹奏楽のメッカに」を合言葉に、2014（平成26）年で13回を迎えあましんアルカイックホールを会場に、地元の尼崎市吹奏楽団や大阪府立淀川工科高等学校をはじめ、全国の有力ブラスバンドを招き毎年盛況のうちに開催している。

(5)「あましん新春講演会」

　1980(昭和55)年に第1回を開催し、2014(平成26)年で35回を迎えた。「あましん新春講演会」は、各界著名人を招いて、政治、経済、文化、スポーツなど幅広いテーマの講演を行い、尼崎の新春を飾る恒例の地域イベントとして定着している。1989(平成元)年の第10回講演会から会場をそれまでの尼崎労働福祉会館から尼崎市立総合文化センターあましんアルカイックホールに移した。

(6)「タンゴ・エモーション」

　芸術文化を支援する社会貢献として、2004(平成16)年11月アルカイックホールで、アルゼンチンタンゴ・コンサート「タンゴ・エモーション」の貸切公演(昼夜2回)を開催した。信金屈指の会員数約1万1,000人を誇るあましん元気Ａクラブ会員と当金庫取引先から応募があった3,600人を無料で招待した。「タンゴ・エモーション」は2005(平成17)年以降も毎年開催し2013(平成25)年で10回を迎え、当金庫の恒例行事のひとつとして人気をよんでいる。

(7)「あましん少年サッカー大会」

　尼崎・北摂(伊丹・宝塚・川西・猪名川)・西宮・芦屋地区を対象に開催するサッカー大会として、1991(平成3)年4月にスタートさせた。以降定期開催を行い、2013(平成25)年で22回を迎えた。近年約100チームが参加する全国有数の少年サッカー大会に成長。サッカーを通じふれあいの場をひろげ、体力や精神力の強化、技術の向上、ひいては少年たちの将来の夢の実現に少しでも貢献できればという思いで今後も定期開催する予定である。

(8)「あましん杯阪神ブロックゲートボール大会」

　兵庫県連合阪神ブロック連絡協議会が主催する「あましん杯阪神ブロック

ゲートボール大会」に協賛しており、2013（平成25）年で30回を迎えた。当金庫職員が結成した「あましん選抜チーム」も参加し、地域の方々と一緒に競技している。多くの人々が身近なスポーツと出会い、親しむことで、スポーツを通じてさらなる健康増進が図れることを願い、今後も定期開催する予定である。

6　創業90周年事業におけるCSRへの取組み

　2011（平成23）年6月は当金庫の創業90周年の年であり、また、平成21年度からスタートした当金庫の3ヵ年事業計画の最終年度となる節目の年でもあった。「営業店力」の向上からさらなる強化へ推進を図り、営業基盤を磐石なものとして重要な年と位置づけた。

　「営業店力」の向上・強化を中期計画の柱と掲げているのは、単に業容の拡大を目指す「狩猟型営業」を行うのではなく、地域に根を張り、地域の皆さんと共に地域を元気にしていく「農耕型営業」ができる職員の育成を図ることであり、「お客さまから存在価値を認められる」ために何をするのかを考え、実行できる集団を作ることが、協同組織金融機関としての強みとなるからである。

　特に創業90周年は地域のお客さまに高い満足感と信頼感を持っていただくために、地域金融機関としてさらに踏み込んだ活動を行うべく、「当金庫の本業のひとつ」として位置づける地域貢献活動や環境に配慮した活動の主体的かつ継続的な取組みの実施を続けている。

　そして、創業90周年の記念事業として新たにさまざまな活動を展開しているが、単年度で終わるものではなく、この創業年をスタートとして継続的に取り組んでいくひとつが、地域貢献活動を「本業のひとつ」として位置づける「あまちゃん・しんちゃんプロジェクト」である。「あまちゃん・しんちゃんプロジェクト」は「自分の住んでいる町と自分が勤務する職場のある町と、2つの町内会を持っている」ことを常に意識して仕事をすることであり、それが協同組織金融機関の生き方である。その生き方を基本方針とし創業90周年を期にスタートさせたのが各営業店の地域貢献活動である。

この活動は、それぞれの支店がその地域の住民として同じ目線に立って汗を流し、地域のニーズに応える貢献活動を検討し、地元に対して「何ができるのか」「何をすべきか」を役職員全員が一丸となり考えたものであり、役職員一人ひとりが「地域住民の一員」になりきり活動することを目指して「地域に対して何ができるのか、共に考え、行動する」ことをテーマに活動するものである。従来の「地域行事参加型」から「当金庫の本業のひとつ」として積極的に活動し、継続して実践することが、地域での当金庫の存在価値と信頼感を高めていくものと考え、営業店の業績評価を行う表彰規程に各営業店の活動評価を行い査定する制度も加えた。

　各営業店の活動内容は、「緑化・環境プロジェクト」「教育・学童交通安全プロジェクト」「防犯安全プロジェクト」「認知症サポータープロジェクト」「地元のこどもたちへの社会参加サポートプロジェクト」「地域産業文化・地元との協働作業」など多岐にわたっている。

　また、当金庫として環境に関する取組みや社会貢献についても積極的に実施した。主な活動は以下の通りである。

(1)「あまちゃん・しんちゃんプロジェクト」各営業店の活動

①「教育・学童交通プロジェクト」に関する活動

　各営業店の近隣小学校へ学童が登校する際に、踏切や交通量の多い交差点などの学童通学路に職員が立ち、安全確保に努める地域見守りを実施している。

　2013（平成25）年度には、当金庫全営業店のうち半分を超える51カ店が見守り活動を行い、地元の小学校、自治会や警察からねぎらいの声や感謝状が届いている。

②「防犯安全プロジェクト」に関する活動

　各営業店が地元の児童施設を訪問し、紙芝居などを用いて児童に分かりやすく防犯啓発活動を実施したり、地元警察署の生活安全課の方々と協力し、振り込め詐欺などの犯罪の未然防止を促すために、防犯チラシの配布活動や地域の

方々を招いて防犯講習会を開催するなど、防犯啓発活動を実施しており、地元防犯協会から感謝状などが届いている。

③「緑化・環境保全プロジェクト」に関する活動

　地元公園の花壇清掃や花の分配・花守り活動から、近隣里山での除伐、間伐、下刈りなどの自然林保全などの活動や、地元の方々とホタルを飼育し川にホタルを放流するなど、緑化や環境保全活動を実施している。

④「認知症サポータープロジェクト」に関する活動

　高齢化が進む当金庫営業エリア内において、各営業店が認知症の症状や対応などを正しく理解してもらうため、職員がキャラバンメイトの資格を取得したり、外部講師を招いたりして定期的に講習会を開催している。

⑤「地元のこどもたちへの社会参加サポートプロジェクト」

　地元の商店街や大学と連携し、地域の子供たちに「金融学習」「販売実習」といった体験学習を実施している。「金融学習」は、当金庫がお金との付き合い方などを分かりやすく解説し、「販売実習」は、地元商店街から出品されたパン、果物、お菓子などを実際にお店で販売するなどの体験学習形式をとっている。

⑥「地域産業文化・地元との協働作業」

　営業店が西宮市や地元の商店会に声を掛け、地域のコミュニティが薄れるなかで「何か催しをしてほしい」との地元の声があがり、営業店駐車場を利用して地元の産業や農産物、工芸品などを販売する地域マルシェのイベントを実施し地元新聞にも採り上げられた。

　江戸中期から地元で栽培されていた綿の摘み取り作業時に、歌い親しまれていた民謡と踊りが、今では語り継がれることなく絶えていたところ、「伝統の踊りを復活させたい」と営業店と自治会婦人部長が郷土史に詳しい人を尋ねまわり復活させ、地元新聞にも取り上げられた。今では、営業店職員が民謡と踊

りを習得し伝統を継承できる体制づくりを行った。また、地元の方々へ披露し地域の方々に伝承できるよう活動を実施している。

（2）あましん緑のプロジェクト

①「兵庫県と「尼崎21世紀の森づくり」の推進協定締結」

創業90周年の記念事業の大きな柱として、2010（平成22）年度から「あましん緑のプロジェクト」を立ち上げた。国道43号以南の約1,000haの尼崎臨海地域を魅力と活力ある街に再生するため、兵庫県が2002（平成14）年3月に策定した「尼崎21世紀の森構想」に参画し、地元企業として金庫が一体となって環境保全に取り組む活動である。

プロジェクトの第一歩として、2010（平成22）年7月に当金庫は兵庫県と「尼崎21世紀の森づくりの推進に関する協定」の締結を行った。協定締結にあわせて当金庫は兵庫県内で第1号の「苗木の里親企業」に認定された。

この協定は、当金庫が兵庫県と相互連携を強化し、協働による「尼崎21世紀の森づくり」を推進し、環境創造のまちづくりに取組むことを目標としたものである。

当金庫は目標達成に向けて次のような取組みを行った。
・尼崎の森中央緑地の苗木育成・植樹等
・「尼崎21世紀の森づくり」の普及・啓発
・「尼崎21世紀の森づくり」の情報発信等

②「尼崎21世紀の森」あましん植樹祭

「尼崎21世紀の森づくり」は、尼崎市の臨海工業地域に100年かけて緑豊かな環境をつくる目的で20万本の植樹をする計画である。2010（平成22）年3月に当金庫職員とその家族、また公募で集まった市民と一緒に緑地内で育てた苗木を植樹した。

また2011（平成23）年10月には、「創業90周年記念植樹祭」を開催し、当金庫職員と公募で集まった市民と一緒に1,000本の植樹を行った。以降も定期的

に植樹祭の開催を実施している。

③「苗木の里親コーナー」設置

　当金庫は兵庫県内第一号の「苗木の里親企業」の認定を受け、兵庫県から1,000本の苗木を預かった。2010（平成22）年12月本店営業部に「苗木の里親コーナー」を設置し、苗木づくりへの参加を呼びかけ顧客の希望に応じて育成した苗木を無料配布し、育ててもらう制度である。また、兵庫県が実施する「尼崎21世紀の森づくり講座」を当金庫職員が受講し、「苗木の里親案内人」として育成する取組みも行っている。

④「定額積立定期預金　どんぐりの木　発売」

　苗木の里親制度の趣旨を生かした定額積立定期預金「どんぐりの木」を発売した。「どんぐりの木」は、当金庫が取り組む「あましん緑のプロジェクト」に賛同する顧客が、「苗木の里親」として兵庫県より預かっている尼崎の森中央緑地に植樹するため「苗木2本」を、2年間の商品契約期間に育成し、満期後当金庫主催の植樹祭で育てた苗木を植樹する環境保全商品である。2013（平成25）年の植樹祭では、第一回「どんぐりの木」契約者による植樹が行われた。

（3）あましんグリーンプレミアムの創設

　2011（平成23）年8月に環境保全活動のひとつとして、営業エリア内の法人・個人・団体を対象に環境改善に寄与する技術や製品・工法、取組み、さらにアイデアについて表彰を行う制度「あましんグリーンプレミアム」を創設した。「環境事業部門」「環境活動部門」「環境アイデア部門」の3つからなり、地域の企業や個人が取り組んでいる環境保全活動にスポットをあて、広く募集し当金庫独自の表彰を行った。2013（平成25）年で第3回を迎え、毎回100件を越える応募がある。表彰者に対して授賞式を行い第一回から第三回まで、国際金融アナリストである末吉竹二郎氏に基調講演を依頼し参加者に対し環境問

題に対する情報発信を行っている。

（4）小惑星探査機「はやぶさ」帰還カプセル　特別展示 in 尼崎

　尼信会館において、創業90周年記念事業の一環として、2011（平成23）年9月に5日間「人類の最先端技術を体感しよう！」をテーマに、宇宙航空研究開発機構（JAXA）協力のもと「小惑星探査機「はやぶさ」帰還カプセル　特別展示 in 尼崎」を開催した。5日間で約6,200人の来場者を数え、運営にも会場スタッフ延べ450人が動員されるなど金庫の歴史に残る一大イベントとなった。

7　当金庫の地域貢献活動への評価

（1）「あまちゃん・しんちゃんプロジェクト」に「Face to Face 賞」

　創業90周年をスタートさせ、本部・営業店の役職員が一丸となり「本業のひとつ」として位置づけ取り組んだ地域貢献活動「あまちゃん・しんちゃんプロジェクト」が2012（平成24）年5月、全国信用金庫協会第15回信用金庫社会貢献賞「Face to Face 賞」に選ばれた。
　「Face to Face 賞」は、地域金融機関にふさわしい、地域社会に溶け込んだ、地域の方々との一体感を深めることに寄与した活動及び地域金融機関の社会貢献活動として、今後の取組みが期待され、奨励される活動に与えられるものであり、「職員一人ひとりが企業市民であることを忘れずに、地域住民の一員となってともに汗を流すことが求められており、これこそが信用金庫に課せられた使命であるとの思いで取組んでいかなければならない。」との思いを役職員全員に浸透させ、地域住民とともに活動したことが評価されたものである。

（２）「兵庫県環境にやさしい事業者賞」優秀賞の受賞

　2012（平成24）年2月に当金庫は、「持続可能な社会の形成に向けた金融行動原則（21世紀金融行動原則）」の主旨に賛同し署名した。同原則は環境金融の裾野の拡大と質の向上を目的とし、環境省が事務局となり幅広い金融機関が参加した起草委員会により策定された行動指針であり、金融機関が果たすべき責任と役割を認識し、それぞれの事業を通じて持続可能な社会の形成に向けた最善の取組みを推進することなどを掲げた7項目から構成されている。当金庫はこれまでも地元企業として環境問題への取組みを積極的に行っており、本原則への署名を機により持続可能な社会の形成に向けた取組みの一層の強化を目指すこととなった。

　そうした中で、2012（平成24）年3月に当金庫は、「第21回兵庫県環境にやさしい事業者賞」優秀賞を受賞。この賞は、1991（平成3）年に「生活者の視点から優れた環境保全・創造活動を展開している事業者を顕彰することにより、県民の環境に配慮した新しいライフスタイルづくりに資するとともに、事業者の環境保全・創造活動の促進を図る」ことを目的に創設されたものであり、当金庫が金融機関では第1号の受賞となった。

　このように、各賞の受賞は尼崎信用金庫が取り組む地域金融機関としての社会的役割・使命と位置づけた活動が認められたものである。

　近年特に金融機関は、金融に関する仕事はもちろん、それ以外の金融外の関わりのなかにおいても、地域の人々とともに常にアクションを起こす集団であることが重要である。近年企業におけるCSRの活動が地域社会のより良い街づくりへのきっかけや動機づけとなりえるよう、今後も尼崎信用金庫は、永年実践してきた中小企業金融専門金融機関としての役割と地域活性化への積極的な取組みを通じ、また企業市民の一員として地域社会への貢献と地域経済の活性化に向けて、お客さまからの存在価値を一段と高める新たなビジネスモデルの構築に取り組んで行きたい。

Ⅴ 尼崎市における環境モデル都市の取組み

福嶋　慶三
前尼崎市理事

はじめに

「市民、地元産業界と一丸となり、環境と経済の両立を目指す、モデル性、実現可能性が高い提案である。産業構造システム、まちづくりへのさらなる展開が期待できる」

　これは、2013（平成25）年3月に国（内閣官房地域活性化統合本部）が、環境モデル都市の第二次選考にあたり、尼崎市を選ぶ理由として挙げた評価コメントである。稲村市長の稿にあるとおり、まさに市・産業界・市民のチームワークが評価されての環境モデル都市の選定であったといえる。

　選定を受けたことは、素直に喜ばしいことである。私も隣町の大阪を訪れることがよくあるが、「兄ちゃん、どこから来たんや？」と問われ「尼崎からです」と答えると、「そらまた、空気の汚いところからようこそ」と、川を一本隔てただけの隣町に住む人々に言われるといった経験がたびたびある。しかし

写真1　再生した尼崎の空や川

①南部臨海工業地域

②国土交通省「蘇る水百選」庄下川

それは、あくまで昔の尼崎の公害のイメージに引きずられているにすぎず、実際の今の尼崎は、過去の真摯な取組みにより、空気も水も大変に綺麗になったのである。

そういった「レッテル」的な言動に対しては、「尼崎市は今や、国からも環境モデル都市に選ばれるくらい、環境についての取組みには力を入れている」と、極めて分かりやすい説明ができるようになった。「環境モデル都市」という冠には、旧来の公害のまちという尼崎のイメージを変えていくという意味での、シティプロモーション的な効果も期待しているのである。

もちろん、環境モデル都市の選定を受けたこと自体は、あくまで、本市が目指す「経済と環境の両立する都市、ECO未来都市・尼崎」、ひいては、本市総合計画（2013年3月策定）に位置付けられた未来の理想とする「ありたいまち」に向けた、一里塚に過ぎない。まずは、環境モデル都市アクションプラン（2014年3月策定）に基づく5年間の取組みについて、しっかりとPDCAをまわしながら充実したものとすること。そしてさらに、その先を見据えた地道で弛まぬ努力が必要である。

そこで本稿では、そもそも環境モデル都市とは何か簡単に触れた後、本市の環境モデル都市としてのアクションプランに基づく具体的な取組み内容の紹介と、なぜここまで一気に3年程度の短期間で様々な取組みを進めることができたのか、また、現状の課題や今後の展望を中心に論述を進めたい。

1　環境モデル都市とは

既に稲村市長の稿で詳しく紹介されているので、簡単に触れるにとどめるが、環境モデル都市とは、今後、我が国が目指すべき低炭素社会の姿を具体的にわかりやすく示すため、「低炭素社会の実現に向け高い目標を掲げて先駆的な取組みにチャレンジしている都市」を政府が選定するものである。まず、2008（平成20）年度に13都市が選定され、東日本大震災後、エネルギー問題がクローズアップされる中、低炭素都市づくりの取組みを全国に一層普及させるため2012（平成24）年度に7都市、2013（平成25）年度に3都市が新たに選定

されている。「選定された都市では、地域資源を最大限に活用し、分野横断的かつ主体間の垣根を越えた取組により、低炭素化と持続的発展を両立する地域モデルの実現を目指している」(首相官邸HPより抜粋[1])

環境モデル都市に選定後は、国が様々な場面で、いわば模範たる選定都市を広く紹介し、PRを行ってくれる。過去のイメージによる「レッテル」を貼られてきた本市とすると、大変ありがたい仕組みである。

そのおかげもあってか、実際に選定後は、様々な民間企業から本市との連携の提案や立地希望の声を聞くようになった。本市の目指す環境面での強みを持つ企業の集積にもつながることと期待している。

また、選定されたことによる国からの直接的な補助金や税制などでの優遇措置が用意されているわけではないが、各省が実施している補助や制度などを利用しやすくなると言われており、後述するように、実際に本市でも、様々な施策の中で国の事業を活用している。

2　尼崎市における取組み（アクションプラン）の紹介

環境モデル都市に選定後は、チャレンジの実現に向けた行動計画（アクションプラン）を策定することになる。本市は2014（平成26）年3月に策定し、現在、様々な取組みを進めているところである。以下では、そのアクションプランの内容について紹介する。

(1) 全体構想及び目的

本市の都市としての大きな特徴は、「コンパクトな市域における産業機能・都市機能の集積」にある（面積約50km^2・人口約45万人・約21万世帯）。これは、本市の地理的な利便性の高さや、平坦な地勢（高低差10m程度）によるものであり、本市の大きな強みとなっている。

コンパクトな市域は、多面的な表情をあわせ持っており、港を擁する臨海工業地域には大企業や中小企業が立地する一方、内陸部には商店街などの下町が

残り、北部には河川沿いの自然林や田園風景、ホタルが生息する水路、閑静な住宅街が広がる。また駅前にはマンション、商業施設が立ち並ぶ。

こういった都市の特徴を踏まえ、強みを活かした取組みを進めることを前提として、市民や事業者とも力をあわせ、経済と環境が両立する低炭素都市「ECO未来都市・尼崎」の実現に向け行動する。また、この過程で創出される低炭素で新しい「産業都市の発展モデル」や「快適な都市生活モデル」などの先導的なモデルを内外に示していくことにより、国内外における低炭素社会の構築に貢献することが目的である。

(2) 3つの基本方針

上記の目的を達成するため、次の3つの基本方針に基づき、取組みを進める。

【基本方針1】
「高い技術力・生産力」を活かす
　　～経済成長とCO_2削減が両立する産業都市の発展の実現を目指して～
・グリーンイノベーションを進め、本市産業界から生み出される環境配慮に優れた製品等を市内外に展開することにより、日本や世界の省エネ・省資源・CO_2削減を支える「ものづくり都市」になる。
・市民や事業者の高い環境需要に、産業界が技術・製品・サービスの供給で応える「環境と産業の共生、地域経済の好循環を図る都市」になる。
・尼崎に集積された物流のエコ化を進めることにより、「グリーン・ロジスティクス都市」になる。

【基本方針2】
「コンパクトな市域・機能集積」を活かす
　　～環境と人にやさしく、快適な都市生活の実現を目指して～
・平坦な地形、狭い市域、公共交通の充実を活かすとともに、生活利便性を向上させることにより、健康づくりにも寄与する「歩きやすく、自転車の利用しやすい都市」になる。

- 通勤や業務、市民の日常的な自動車利用の転換を目指すモビリティマネジメント、次世代エコカーやカーシェアリングの導入など、これらを進めることにより、「環境にやさしく便利に移動ができる都市」になる。
- 建築物の低炭素化、自然環境を活かしたまちづくりを進めることにより、「低炭素で快適な環境都市」になる。

【基本方針3】
「市民や事業者の高い協働意識」を活かす
　　～市民、事業者との協働によるECO未来都市の実現を目指して～
- 市民や事業者と協働して太陽光発電などの自立分散型電源の設置を進めることにより、「災害にも強い都市」になる。
- 環境意識をさらに高め、市民や事業者が自ら取り組んでいるまちづくり活動を活発にすることにより、「市民や事業者が主役の環境都市」になる。

(3) 本市の温室効果ガス排出状況

　尼崎市の2010(平成22)年における温室効果ガス総排出量は、3,204千t-CO_2eである(1990年比マイナス20.0％)。特に本市は産業都市であるため、産業部門の排出量が全体の半分以上を占め、全国と比べ高い割合にある。

　そのため1990(平成2)年以降、景気の減退と産業部門におけるエネルギー多消費型産業の縮小や燃料転換の進展により、総排出量は2003(平成13)年頃まで減少傾向を示した後、景気の回復により増加に転じたが、リーマンショックによる景気低迷により2008(平成20)年、2009(平成21)年は再び減少するなど景気や企業活動の動向の影響を受けやすい排出構造といえる。

表1　尼崎市の温室効果ガスの部門別排出量

2010年	産業部門	民生業務部門	民生家庭部門	運輸部門	廃棄物部門	合計
排出量（千t-CO_2e)	1,800	463	462	416	63	3,204
排出割合	56.2%	14.4%	14.4%	13.0%	2.0%	100%
削減比（90年比）	-31.8%	24.3%	3.5%	-11.7%	-17.3%	-20.0%

(注) t-CO_2e：CO_2以外の温室効果ガスをCO_2換算した重量

一方、民生業務部門では大規模小売店舗の出店等による業務用床面積の増加、民生家庭部門は家庭用機器の大型化や多様化、世帯数の増加、ライフスタイルの変化等による電力等のエネルギー消費の大幅な増加により排出量は増加傾向にある。他方で、運輸部門は、低燃費車への買い替えや、保有車台数の減少により減少傾向にある。

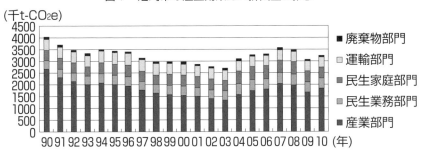

図1　尼崎市の温室効果ガス排出量の推移

（4）温室効果ガス排出削減の目標設定

　本市では1970（昭和45）年頃をピーク（約55万人）に人口減少傾向が続いており、統計的手法で推計すると、2025（平成37）年には人口は約40万人（約20万世帯）となると見込まれている。

　そうしたこともあり、第二次地球温暖化対策地域推進計画（2011年3月～）で定めた2020年目標（1990年比マイナス15％）は、一時的であるが既に達成している（2009年マイナス23％、2010年マイナス20％（いずれも1990年比））。

　ただし、産業部門が排出量の半分以上を占める本市においては、今後も景気の回復等による排出量の増加が見込まれるため、環境モデル都市のアクションプランにおいては新たに2030年を中期目標年と位置づけ、目標削減量を30％（1990年比）とし、長期目標は、国が掲げる削減目標と同様、2050年時点で80％削減を目指す。

　また、アクションプランが5年間の取組みであることを踏まえ、短期目標（2018年）として温室効果ガスを143千t-CO_2削減。1990年比で552千t-CO_2削

減（14%削減）を目指す。

さらに、産業都市である本市の排出量はどうしても景気の動向に左右されがちとなる（景気がよければ企業は生産量を増やし、それによって排出量は増加しがちとなる）。そこで、市内製造品出荷額あたりのCO_2排出量（すなわち原単位）を現状よりも低減させることも併せて目標とする。

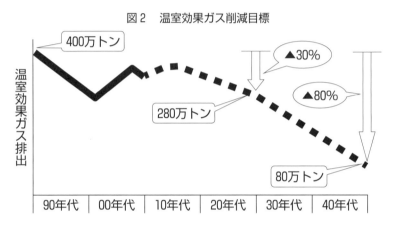

図2　温室効果ガス削減目標

（5）取組みの5本柱

以上の目標を達成するため、具体的には、次の5つの柱を定め、取組みを進めている。

① グリーンイノベーションの推進と、環境と経済の好循環の実現による経済成長とCO_2削減の両立

産業都市を持続的に発展させていくためには、環境と産業の両立が不可欠である。そのため、公害に官民挙げて取り組んだ経験を活かし、とりわけ本市の産業界が持つ強みである「ものづくり」における優れた技術を応用・開発・発展させ、環境・再生可能エネルギー分野でのイノベーション（グリーンイノベーション）などを推進する。

そのためにも、持続的な成長・発展が可能な"環境の活きづくまち"の実現

を理念に、産業界との連携を深め、環境・ものづくり産業の活性化を図るため、産業活動のあらゆる場面で、先駆的な環境・エネルギー技術を活用、導入することなど創造的な産業活動に積極的に取り組む「ECO未来都市・尼崎」宣言を市と産業界で行っている。

さらに、環境保全に資する高い環境関連「需要」のさらなる喚起と、こうした需要に応える技術・製品・サービスの「供給」力強化を目的とした環境関連産業の育成・支援や、環境配慮型事業活動を促進することにより、環境を一つの軸とした地域経済の需要と供給の好循環の実現を目指す「尼崎版グリーンニューディール」政策パッケージを策定し、毎年度、事業を充実させながら取組みを推進している。

具体的には、環境関連需要のさらなる喚起として、「無料省エネ診断」及び「尼崎市省エネ診断員」の提案に従い設備導入を行う事業者に対し、費用の一部を補助する事業や、持ち家（戸建・マンション）を対象として窓や床、壁の断熱などを行う省エネ改修工事や、さらにその工事にあわせて創エネルギー機器を設置した場合に、費用の一部を補助する事業などを行っている。

また、環境関連産業の育成・支援による供給力強化については、金融面での支援として、本市と日本政策金融公庫の連携により創設した「あまがさきECO事業促進貸付」や、市内の9つの金融機関と協定を結び実施している連携事業「尼崎エコサポートファイナンス」による環境設備投資支援や環境格付融資を、市内金融機関の協力の下、実施している。立地面での支援としては、

図3　尼崎版グリーンニューディール概念図

本市指定のインキュベーション施設に入居する環境分野の事業者に対しては賃料補助率を拡充している。技術面での支援としては、中小企業の新技術・新製品等の研究開発を促進するため、市内事業者が行う研究開発に対して経費を一部補助している。

さらに、環境負荷の低減に配慮した優れた市内製品（素材や部品を含む）を表彰する「あまがさきエコプロダクツグランプリ」を開催し、展示会への出展等、優秀製品の市内外へのPRと普及をサポートしている。そのほか、環境配慮型事業活動の促進として、エコアクション21認証取得に向けた支援なども行っている。

写真2　あまがさきエコプロダクツグランプリ

②コンパクトな市域を最大限活かしたモビリティマネジメントとグリーン・ロジスティクスの推進

人の移動についてはコンパクトで平坦な市域に産業・商業・住宅・都市機能が集積し、公共交通機関も充実しているという本市の特徴を最大限に活かし、公共交通機関の利用促進や、さらなる自転車活用のための自転車レーンの整備とネットワーク化、徒歩移動の勧めなどモビリティマネジメントの推進や、国等の補助金を活用した公共施設への電気自動車用充電器や電気自動車の導入、民間の電気自動車の導入支援など次世代自動車やカーシェアリングの普及、そしてこれらを有機的に連携させることで、低炭素で快適な市内移動を実現する。

写真3　自転車道の整備

　また、物流における本市の特徴として、大阪市や神戸市など大都市との間に位置し、高速道路や幹線道路等の陸上輸送経路が充実していることに加え、大阪湾に面した尼崎港や複数の運河が整備され、海上輸送も可能となっている。
　このため近年、複数の大手物流会社の拠点が市内に進出している。そこで、尼崎を拠点に効率的な物流を構築し、走行距離の長い車両を重点的に次世代エコカーに置き換えていくことで、輸送におけるCO_2の排出量削減につなげる（グリーン・ロジスティクス）。

③快適で暮らしやすい低炭素型まちづくりの推進

　本市は交通至便なことからマンションや商業施設等の建設需要も高く、環境に配慮した住宅・建築物の普及は極めて重要である。近年では再生可能エネルギーを最大限活用する一方、消費エネルギー量を最小限に抑え、最適な電力の需給バランスを実現するスマートコミュニティの構築も重要な取組みである。ディベロッパーやエネルギー事業者等と連携し、太陽光発電や燃料電池、コジェネレーションシステムなどの創エネルギー機器や蓄電池、MEMS、HEMS等の装備のほか、高断熱化や長寿命化、リサイクル材の積極利用による環境配慮型住宅の建設を進める。それらの環境配慮型住宅を、高圧一括受電とスマートメーター、デジタルサイネージ等を整備することで連系させ、スマートコミュニティを構築し、マンション等でのデマンドレスポンスの実現を目指す。

既に、JR尼崎駅前のあまがさき緑遊新都心におけるマンション開発においては、再生可能エネルギーと高効率分散電源による熱利用システムを導入した都心型集合住宅「尼崎D.C.グランスクエア」（国土交通省による平成23年度（第2回）住宅・建築物省CO_2先導事業採択プロジェクト）が建設され、また、三菱電機株式会社においては、スマートグリッド、スマートコミュニティの実証実験（尼崎地区）が進められるなど、市内では民間主導の先端的な取組みも進んでいる。

　加えて、ほぼ全域が市街化されている本市において、良好な水環境や緑地の存在は、CO_2吸収源としての温暖化対策上の効果に加え、景観の向上、まちの潤いや、生物多様性の保全等の観点からも有効であり、整備を進めている。特に、かつて公害に苦しんだ尼崎南部臨海地域を再生し活性化するため、市民・事業者・行政が一体となって、臨海部の埋立地に緑地を広げる「尼崎21世紀の森」の活動を進めている。

写真4　尼崎21世紀の森植樹

④災害にも強い自立分散型・再生可能エネルギーの導入促進

　温室効果ガス排出量を削減するためには、省エネに加えて、再生可能エネルギーの利用割合を大幅に高めていくことが不可欠である。これは同時に、エネルギー資源に乏しい我が国においてはエネルギーの安定した確保にもつながることとなる。本市においても、臨海部の埋立地の一部（フェニックス事業用地）に、兵庫県がメガソーラー（10MW級）の建設を進めており、本市としても協力を行っている。

図4　尼崎沖フェニックス事業用地でのメガソーラーイメージパース

　また、大規模施設による集中した発電は平常時には効率的であるが、災害等で停止した場合に、市民生活に多大な影響を及ぼすことが東日本大震災で明らかになり、再生可能エネルギーを利用した発電設備をより多く設置し分散させることが重要視されている。さらに、市全域に発電設備が分散されること（オンサイト型太陽光発電所の普及等）は、送電ロスの抑制にも寄与する。

　そこで、本市においては、地理的制約から水力や風力などの活用があまり見込めないこともあり、太陽光・太陽熱等の最大限の活用を考え、市民・事業者・行政が一体となって、市内の多くの住宅・事業所等への太陽光発電導入を目指している。

　具体的には、国の補助も活用しながら、学校や防災拠点、クリーンセンターなどの公共施設に率先して、太陽光パネルや蓄電池、LED街路灯などの整備を進めている。また、民間事業者に対しては、2013年度から、10kW以上50kW未満の太陽光発電設備を市内施工業者の工事で取得したものの償却資産にかかる固定資産税の課税を3年間全額免除（ランニングコスト部分に対する支援）しており、設置に関する費用については、市内の9つの金融機関と連携して実施している前述の「エコサポートファイナンス」事業によって、低利で融資を受けることができる（イニシャルコスト部分に対する支援）。

⑤市民のライフスタイルの変革

　家庭からのCO_2排出量は年々増加しており、市民一人ひとりが日々の生活の中で環境に配慮した行動を選択していくことや、学校教育現場における環境教育（出前講座、自然学校、ビオトープ等）に取り組み続けることによって、環境配慮型社会への意識・行動の変革を進め、本市ひいては社会全体のCO_2排出量の削減につなげることが重要である。

　そこで、楽しみながら満足感を持って、続けられるエコライフの普及のために、官民協働で楽しく魅力ある環境関連イベントの開催や、自ら学び、行動できる人材やリーダーを育成していくため、市民・市民団体・学校・事業者・行政が協働して「町中全てがキャンパス」であり、誰でもが参加できる環境学習・活動の「あまがさき環境オープンカレッジ」などの取組みを推進している。

　こうした取組みは環境に配慮した製品・技術・サービスへの需要を生み出し、産業界における新しい環境配慮型産業の活性化にもつながる。近年の電力需給の逼迫から、節電やクールシェアなどの考え方は定着しつつあるが、こうした環境配慮型社会に向けた取組みが、一過性のものではなく持続性のあるものとなるよう、市民一人ひとりのライフスタイルの変革を促している。

　これら5つの柱を取組みの中心として進めているところである。

写真5　ごみマイスタースクール

写真6　あまがさき環境オープンカレッジ

3　現状の分析・考察と課題

　幸いなことに、環境モデル都市に選定されたこともあり、多くの方が本市にヒアリングにお越しくださったり、研修やシンポジウムなどに講演者として本市を呼んでくださったりということがある。実際、多くの事業は、まだ取組みの最中であり、目立った成果（アウトカム）が得られているとは言い難い側面もあるのだが[2]、一方で、パッケージとして政策や事業（アウトプット）を打ち出していることもあり、他都市の方からは、「なぜ、この短期間で、ここまでできたのか？」と問われることがよくある。

　そこで、実際に携わった者として、これまでの取組みを分析し、なぜできたのか、どういった点に気を付けてきたのか、どういった点が優れているのか、どういった点がまだ課題であるのか、といったことを整理しておきたい。

（1）なぜ、短期間に取組みを進めることができたのか。特徴は何で、強みは何か

　まず、なぜ、3年程度の短期間で一気に取組みを進めることができたのか、そしてどういった点が特徴的であり、我々の強みはどこにあるのか、といった点について、①行政（本市職員）、②産業界、③市民、に分けて分析・考察したい。

①行政（本市職員）

　稲村市長が就任直後に掲げた3本の施政方針の柱の1つ目が「コンパクトで持続可能なまちづくり」であったこともあり、確かにこれまで、尼崎版グリーンニューディールの策定やその事業パッケージ、そして、環境モデル都市に基づく取組みなどに、本市として高い優先順位を与えてきたのは間違いない。事実、毎年の新規事業を庁内全体で検討していくにあたっての大方針となる、政策推進方針には、何らかの形で、これらの取組みについての柱立てがなされてきている。

また、私自身、2011（平成23）年7月の着任からおよそ3年にわたり、ある時はプロジェクトリーダーとして、ある時は伴走者として、これらの本市の取組みを推進してきた。確かに私が与えられた理事というポジションは、本市においては市長・副市長に次ぐ、高い位置にある役職であり、それぞれの局を越えて、仕事を行うことができた。

　しかし、では、市長や私がいたから、あるいは政策推進方針に記載がなされたから、こういった取組みを進めることができたのだろうか。それは、もちろん事実ではあるが、全てではない。より大事な真実は、市長や私以上に、真剣にこの町の向かうべき方向について、ともに議論し、行動した、優秀で志に満ちた本市の職員たちがいたことである。政策推進方針に掲げたところで、職員たちから具体的なアイデアが出てこなければ、そして実現に向けた努力がなければ、それこそ絵に描いた餅に終わる。

　個人的に忘れられないのは、環境モデル都市の一次選考に提出する書類を仕上げるため、ともに3連休をつぶして休日出勤し（市民祭りの最中でもあった）、作り上げた職員がいたことや、ともに他都市に視察に行き、そこで学んだことを活かして本市でも事業化するため、粘り強く金融機関はじめ産業界との交渉にあたってくれた職員たちがいたことである。そのほかにも、本当に多くの職員が、なぜ、この尼崎版グリーンニューディールの取組みや、環境モデル都市の取組みが、本市にとって大事なのかということを、しっかりと考え、理解し、行動し、多くの取組みを実現してきた。確かに、市長や私が先頭に立って火をつけてきた側面はある。しかし、やはり、それにしっかりと応え、形にすることのできる職員たちがいたからこそ、出来たことといえる。この点はまさに本市の強みであり、財産でもある。

②**産業界**

　次に、産業界との連携が挙げられる。私は英国環境省の国際気候変動課で勤務した経験があるのだが[3]、そこで驚いたのは、英国環境省と英国産業界の緊密な連携であった。日本の環境省でも温暖化対策課で勤務した経験のある自分としては、産業界はまず経済産業省と話をするのが常であり、当時は日本の

産業界にとって環境省は目の上のたんこぶのような存在であった。しかし、英国の環境省は、産業界と常に顔をあわせてコンタクトを持ち、ダイレクトに話をし、信頼関係を高めながら、環境税や排出量取引制度など、様々な政策や制度設計を行っていた。それは英国の産業界が「環境」というものがビジネスの種になる、あるいは「環境」という分野がこれからの世界経済における一つのトレンドになるという見通しを持っていたからだと思われる。それは英国政府の戦略でもあり、政府と産業界がともに産業戦略を共有していたのだ。私は、一つの理想として、そんな英国政府と産業界の関係を羨ましく思ったものだった。

そして、なんとここ尼崎では、過去に公害を乗り越えてきた経験などにより、尼崎市と産業界との間に、英国政府と産業界にも負けない緊密な信頼関係が出来上がっていたのだ。既に「ECO未来都市・尼崎」の共同宣言を産業界と市で行っており（俗称として、尼崎グループ6＝AG6と呼ばれる）、それぞれの団体の幹部・事務局が集まっての毎月の定期会合に始まり、改造電気自動車の製作や市民からのエコアイデア募集といった様々な協働プロジェクト、各種テーマによる連携シンポジウムなどがこれまで進められてきている（AG6に関する詳細は別稿に譲る）。

こういった市と産業界の緊密な連携は、私にはまさに英国での経験を彷彿とさせ、この3年間の本市での取組みが前に進んだ一つの大きな要因であると考えている。例えば、産業界におけるCO_2の排出量が全体の約6割を占める本市においては、低炭素社会を目指すとする環境モデル都市の提案は、通常、産業界にとっては受け入れ難いものに違いない。しかしながら、そこにビジネスチャンスがあるという思いや、環境の取組みで尼崎のイメージをよくしていこう、という未来志向の発想のもと、産業界はともに取組みを進めていく欠かせないパートナーなのである。この「環境×経済」で新しい価値やイノベーションを生みだそうとする本市と産業界の取組みや姿勢は、他の産業都市にとっても大いに参考となるはずである。

③市民

　そして欠かせないのが、本市の市民である。過去に大気汚染などの公害や、現在でもアスベストによる被害などの経験を持つ本市の市民は、やはり感覚的に環境への取組みに対しての理解が深く、意識が高いと感じられる。しかし、いくら大切なことだと分かっていても、人間はなかなか、辛いことは続かないものである。そこで、環境への活動をもっとポジティブに、楽しいものにしていこうという取組みが、本市では芽生えた。すなわち、「環境オープンカレッジ」の取組みである。

　これは、尼崎市域を一つのキャンパスと見立て、市内のNPOや企業の行う環境に対する取組みの一つひとつを授業として、市民に参加を促す仕掛けである。どこのまちでも、例えば、古紙の回収であるとか、ごみの減量、植林や自然保護、といったような取組みは見られる。ただ、たいていは、活動団体同士は、お互いに干渉せず、ましてや連携などは見られない。しかし、市民にとってみれば、同じ環境活動である。気兼ねなく、好きなときに、好きな活動に参加できる方がよい。その意味で、オープンカレッジのキーワードは、まさに「オープン」に、そして「フラット」にである。参加者も参加団体も、誰でもが自由にどの活動にも参加でき、団体同士にも当然、上位下位などの序列などなく、むしろ連携して、お互いに情報交換を行っている。事務局の発行する毎月の「あまがすき通信」では、どの団体がいつどこでどんな活動を行っているかが一目瞭然であり[4]、市民の環境活動への参加促進剤となっている。

　こういった土壌のあることが、やはり本市の取組みを加速することができた大きな要因である。そして、忘れてはならないのは、本市では、市と産業界、市と市民だけでなく、市民と産業界の間にも連携のあることである。オープンカレッジの取組みもそうであるが、兵庫県との協働事業である、南部臨海部に自然をよみがえらせようとする「21世紀の森づくり」の活動では、企業も市民も一緒に植林の活動を行う。

　東京で行われた環境モデル都市第二次審査のプレゼンテーションには、市と、産業界代表として商工会議所と、市民代表として環境オープンカレッジの

メンバーとともに、いわゆる「オリンピック方式」でプレゼンに臨んだ（詳細は、稲村市長の稿のとおり）。プレゼンは質疑も入れて20分間という短い時間であったが、我々の連携を審査委員にしっかりと評価をいただくことができた。それは、本稿の「はじめに」の冒頭でも記載したとおりであり、まさにこの点こそが、本市の最大の強みであり、財産であり、今後も大切にしていかなければならない点だと思う。

（2）課題

次に、今後も取組みを進めていくにあたり、現時点において、私が課題と認識している点、また、課題というほどではないが、引き続き、これからも本市が検討を行っていかなければならない点や、留意すべき点について、ここでいくつか述べておきたい。

①成果指標と評価

実は、私が着任した当初からプロジェクトリーダーを務めている尼崎版グリーンニューディール庁内検討チームでも、ずっと議論を行ってきていることに、「環境×経済」の政策パッケージに対する成果指標をどのように設定し、政策全体をどのように評価するかということがある。

環境面の目標や指標については、環境モデル都市アクションプランにおいて、本市 CO_2 排出量の削減という具体的な数値があり、前記2．（4）にも記述のとおりである。しかし、本市として目指す、「環境と経済の両立」というゴールから考えるのであれば、当然、政策の経済面の評価も必要である。ただ、一市域における経済は、当然のことながら景気変動や個々の企業の動向によって大きく左右されることがあり、市の政策誘導による具体的な数値目標の設定は、必ずしもなじまないと考えられた[5]。

そこで、具体的な数値目標は立てないまでも、政策に対する説明責任を果たす意味で、また、PDCAサイクルをまわすための一定の見通しを立てる意味で、事後的に実施した政策がどの程度の経済効果を生んだのかについては、分

析を行っておく必要があると思われた。そこで、本市と公益財団法人尼崎地域産業活性化機構に、学識経験者及び専門家を交えた研究チームを結成し、産業連関表を活用した経済波及効果の研究と分析を行っている（詳細については、別稿を参照されたい）。今後は、その結果についての考察と評価を踏まえて説明責任を果たしながら、次の施策を考えていく（すなわちPDCAをまわす）ことが必要である。

また、政策パッケージ全体の評価のほかに、パッケージの中に位置付けられた個々の事業についての分析や評価も当然必要となる。ここで重要なことは、とりわけ尼崎版グリーンニューディールに位置付けられた事業は、経済効果のみならず、環境効果を併せて狙ったものであるということである。単純な経済効果のみを考えるのであれば、異なる分野にもっと予算を投入することももちろん考えられる。しかし、「環境と経済の両立」という命題を掲げた尼崎版グリーンニューディールの政策パッケージに位置付けられる事業は、いわば一石二鳥を狙ったある意味欲張りなものともいえ、単純な経済性の評価だけでなく、環境面の効果もあわせて、評価を行うべきものであることに留意しなければならない。

そのほか評価にかかる今後の課題としては、一つには、環境面の評価について、本市の事業単独によるCO_2削減効果は限定的であるため、本市の事業をきっかけに産業界や市民の間で進んだ間接的なCO_2削減の波及効果（間接効果）についてどのように測定していくかといった点が挙げられる。この点は、上記の研究チームで、今年度、産業連関表を応用した研究を行う予定である。

もう一つには、本市産業における環境サービスや製品・素材等による環境貢献度を、どのように図っていくかということが挙げられる。つまり、本市で作られた環境によい製品Aが、他都市で使われれば、それは他都市の環境負荷低減に貢献をしていることになる。しかし、製品Aを製造する過程で引き起こされた環境負荷（例えばCO_2排出）は、単純に本市が引き受けることになる。この本市の他都市への貢献度部分を、何らかの形で測ることができないか、そしてそれを、本市の努力として考えられないかというものである（例えば、CO_2の削減への貢献度として）。全国的にもまだ十分な研究が行われてい

るわけではないが、先行する研究なども参考としつつ、本市として今後も研究を行っていくべき分野であると思われる[6]。

②今後の施策・事業の充実

　十分なPDCAサイクルによる検証を踏まえながらではあるが、今後も目指す「環境と経済の両立」「持続可能な都市の実現」といった目的に向けて、取組みをより一層、充実させていく必要がある。私が着任した当初から、プロジェクトチームのメンバーと議論を重ね、出し合った事業のアイデアは、2014（平成26）年7月現在、ある程度、形になってきている。ただし、いくつか残されたアイデアもあり、まずはそれらの検討を引き続き進めていかねばならない（例えば、民間の駐車場事業者と連携をしたカーシェアリングの取組みや、鉄道事業者が実施しているレンタサイクル事業との連携、公共施設の屋根を設置場所として市民に提供し実施する小規模太陽光発電の普及など）。

　次に、現在、取組みが進みつつあるものを、着実に、形にしていくことである。例えば、JR塚口駅前の大規模工場跡地には、民間ディベロッパーが住宅地の造成に取り組んでいるが、本市としては、様々な民間事業者同士の連携や、国の補助金獲得を促進しながら、スマートコミュニティの実現に向けた取組みを後押ししていく必要がある。

　そして、引き続き、時代のトレンドを読みながら、新しい考え方やアイデアを常に学び続けながら、新しい施策や事業の企画・立案を行い、政策パッケージを充実させていくことである。この3年の間も、常に先進他都市の視察に行くなど他都市の取組みに学び、また、優れた専門家や実務家を招いて勉強会を開催するなど、新しい事業のアイデアを膨らませ続けてきた[7]。この3年間で一番大きな国レベルの動きは、再生可能エネルギー分野（具体的には固定価格買取制度の導入）であり、また、民間レベルであれば、例えば、家庭用燃料電池や電気自動車の普及促進などであったかもしれないが、今後は、例えば、水素エネルギーに着目するなど、時代の先を見つめながら、しっかりと研究・検討を継続していくことが求められる。

③都市間連携

　関西には、本市も含め、環境モデル都市が5都市も存在する（京都市、堺市、神戸市、生駒市、本市）。本市はこの5都市のちょうど中間地点に位置し、大変地の利のよい場所にある。そこで例えば、今後、「関西環境モデル都市シンポジウム」（仮称）などを本市において開催し、各市をお招きし、それぞれの取組みを紹介しあい、お互いに学び合うことができれば素晴らしい。また、そのシンポジウム（イベント）をきっかけとして、それぞれの都市の担当者同士が結びつきあい、担当者同士の勉強会（クローズドないしセミクローズドで、苦労話や失敗談までざっくばらんに共有できるようなものが望ましい）などが定期的に開催されるようになれば最高である。

4　今後の期待と展望（おわりに代えて）

　これまで、本市の環境モデル都市としての取組み内容紹介や分析・考察、課題などを述べてきたが、本章の最後に、今後への期待と展望を述べて、結びとしたい。

（1）「縦割り」を超え続ける！

　稲村市長が最初に「環境×経済」の取組みの旗を立てられ、その実践として尼崎版グリーンニューディール政策を立案し、組織として経済環境局が新設された。本市の最大の強みは、行政、企業、市民の連携だと繰り返し述べてきたが、その中でもやはり行政を担う本市は、中核となって旗を振り続けなければならないと思っている。

　経済と環境は、歴史的には対立があり、お互いにアクセルとブレーキのような役割を担うこともあった。その意味では、その舵取りやバランスのとり方は、対立から両立へという今の時代になっても、なお難しいとも思う。しかし、本市には、経済と環境の相克を超え、新しいイノベーションを生み出していくだけの十分な素地があると思う。庁内の卑近な例でいえば、典型的だと私

が思うのは、次のいくつかの事例である。

　国で働いていた私からすると、行政はいわゆる「縦割り組織」であり、どんなに目的から考えて、そうした方がよいと分かっていても、省を超えた予算や事業の付け替えなどは難しいところがある。

　しかし、本市では例えば、元々、経済部でもっていた「省エネ補助」の事業と、環境部でもっていた「環境製品のPR」（あまがさきエコプロダクツ）の事業を、それぞれ効果を最大限に発揮するため、お互いに部・課の間で交換しあうということを行った。

　これは、まさに市長が経済環境局として、経済部と環境部を一つの組織としたことによる効用であるといえ、それまではあまり交流のなかった経済部と環境部の人間が、日常的に頻繁にやりとりをするようになり（本庁舎中館7階と9階という物理的に近い距離にお互いの部署が存在していることも、これを可能にしている大きな要素である）、そして同じ目線で、どうすれば、「経済×環境の施策がうまくいくのか」という目的に立ち返って考えているからこそできた事例だといえる。

　また、元々、環境部で立ち上げた家庭用燃料電池エネファームなどの設置支援の補助制度が予想以上に好調であり、補助件数が2年間で100件を超えるということがあった。本市では通常は、新規の事業は3年間続けて、それからその事業を続けるか拡張するか縮小・廃止するか、どうするのかというPDCAサイクルをまわすことになっているのだが、2年で予想以上の成果があったこともあり、その事業に充てていた予算を、全く別の住宅エコリフォームの事業を立ち上げて、それに充てることになった。このエコリフォームの事業は都市整備局が所管であり、それこそ局をも超えて、目的を達成するという観点から、予算の移し替えまで行った事例である。

　断っておくが、これらの例は、それこそ市長や私が指示をしたわけでもなんでもない。担当の職員たちが自分で考え、自発的に局・部を超えて調整を行い、実現したのである。これも、「尼崎版グリーンニューディール推進プロジェクトチーム」として、局・部を超えてプロジェクトチームとして集まったメンバーが、それこそ日々議論をする中で、問題意識を共有しあい、信頼関係

を醸成し、自分たちの目指すものを共有しあえているからこそ、できたことだと思う。ぜひ、こういった「縦割り超え」を本市の様々な部署で、様々な職員に、実現していって欲しいと思っている。そしてそれこそが、産業界や市民との間も越えた連携をこれまで以上に深め、新しいイノベーションを巻き起こしていくだろう。私がもっとも期待を寄せている点である。

（2）今後の展望

　2016（平成28）年、本市は市制100周年を迎える。1つの大きな節目を前に、尼崎市は、かつての公害のまちから環境先進都市へ生まれ変わろうとしている。本市の強みである「高い技術力・生産力」、「コンパクトな市域・機能集積」、「市民や企業の高い協働意識」を活かし、「ECO未来都市・尼崎」の実現に向けて、本市はチャレンジをし続ける。

　すでに欧州、とりわけ北欧の国々では、経済の成長・活性化と、CO_2の排出量は、結果的に反比例の関係にすらあると言われている（デカップリングという）。残念ながら、2011（平成23）年3月11日に発生した東日本大震災の影響もあり、日本はまだまだ、デカップリングには程遠い現状にある。しかし、日本有数の産業都市でもある本市において、環境と経済の両立を目指した取組みを続けることにより、このデカップリングに向けた貢献ができる。今後も地道な取組みを続けていくことによって、景気変動の影響によるCO_2排出増につながりにくい産業体質の向上、環境分野に強みを持つ企業の集積、そして、本市の優れた環境製品によって、日本全体の環境効果を高めていくことができる。今やこの分野での自治体政策における東西の横綱ともいえる横浜市や北九州市にしても、一朝一夕に、今の優れた取組みができたわけではない。弛まない努力の蓄積こそが、結果につながるのである。まずは、環境モデル都市アクションプランに定める5年毎の取組みを、しっかりとPDCAをまわしながら着実に取り組んでいくこと。そして、その先には、必ずや「ECO未来都市・尼崎」の実現が待っていると信じている。

Ⅴ 尼崎市における環境モデル都市の取組み

［注］
（１） 平成20年度に選定されたのは、下川町、帯広市、千代田区、横浜市、飯田市、豊田市、富山市、京都市、堺市、檮原町、北九州市、水俣市、宮古島市の13都市。平成24年度に選定されたのは、つくば市、新潟市、御嵩町、神戸市、尼崎市、西粟倉村、松山市の7都市。平成25年度に選定されたのは、ニセコ町、生駒市、小国町の3都市。
（２） その意味で、議会から「どういった成果があがっているのか」と受ける質問や指摘はある面で正しい。
（３） 筆者は2008年に英国環境省（DECK に再編前の DEFRA）の international climate change（ICC）division（国際気候変動課）で、1か月間インターンとして勤務した経験がある。
（４） あまがさき環境オープンカレッジの事務局は、2014（平成26）年4月から、本市の「提案型事業委託制度」の活用により、「NPO法人あまがさき環境オープンカレッジ」に委託されている。従来、事務局は行政（すなわち本市）が直接行っており、土日の開庁ができないなど市民利用の観点からは難があったのだが、それらが解消され、市民サービスは向上した。今後、3年間の委託期間を経て、予想された以上の成果が上がれば、サービスはそのまま民間の手に委ねられる。これも優れた市民との協働の取組み事例である。
（５） 本市の総合計画においても、経済政策における数値目標は設定しておらず、定性的な目標として、製造品出荷額の向上を目指すことが記載されているのみである。同様に、環境面と経済面を同時に図る一つの指標として、環境モデル都市アクションプランでは、市内製造品出荷額あたりの CO_2 排出量（すなわち原単位）を現状よりも低減させることとしている（上記2.（4））。
（６） 例えば、先行する研究には、「CASBEE 都市」のような考え方がある（参照「スマート＆スリム未来都市構想」著：村上周三／エネルギーフォーラム／2012年9月）。
（７） この3年間だけで、視察に行った箇所数や回数、また、勉強会などのヒアリングの企画は非常に多数に上った。2013（平成25）年11月に本市で行ったシティプロモーションサミットの基調講演で、佐賀県武雄市の樋渡市長が述べた「TTP」（＝徹底的にパクる）の精神で、他都市の取組みについても貪欲に学び続けることが大事である。実際に、本市で実施している金融界との連携（エコサポートファイナンス事業による低利融資など）は堺市から、産業用小規模太陽光発電の設置促進（固定資産税の減免）は守山市から、それぞれ学んだものであり、これらを組み合わせることで、例えば、太陽光発電導入にかかるイニシャル部分とランニング部分の導入コストをあわせて低減させることができるような仕組みを考案した。また、余談ではあるが、第二次環境モデル都市の公募が始まりそうだという情報は、堺市に視察に行った際に得られたものである。その時点から準備を始めることができた。堺市のご担当者にも感謝申し上げたい。

VI 産業連関表からみた尼崎の産業の特徴と「尼崎版グリーンニューディール」(AGND)の経済効果

小沢　康英
神戸女子大学　准教授

芦谷　恒憲
兵庫県　企画県民部統計課　参事

はじめに
　──尼崎版グリーンニューディール（AGND）への取組み──

（1）環境のまちづくりの浸透

　尼崎市では、明治半ばに製造業の集積が始まり、昭和初期からは素材型産業の大手工場が進出するなど、大阪湾ベイエリアの工業地帯として成長していった。阪神工業地帯の中核として日本経済の発展を支えるなか、大気汚染や水質汚濁など環境の悪化が進んだ時期もあったが、産業界、市民、行政がそれぞれ環境の回復に努力してきた。その過程で、企業・市民に高い環境意識が生まれ、地域資源や人のつながりを活かした環境のまちづくりへと活動が広がってきた。例えば、次のような取組が進められている。
・産業界からの、環境のまちづくりに向けて「ECO未来都市・尼崎宣言」の提案
・臨海部の環境保全・再生を図る「尼崎21世紀の森構想」の推進
・環境教育や、環境活動の人材育成の場となる「あまがさき環境オープンカレッジ」の展開
　こうした環境のまちづくりへの取組みの結果として、NGOが10年間行った

環境首都コンテストにおいて、尼崎市はトップ10に入ることができた。更に、尼崎市は「環境モデル都市」の選定を受けて、環境のまちづくりへの取組みを一段と高めている。

（２）尼崎版グリーンニューディール（AGND）による環境と産業の共生

　環境のまちづくりに関わる活動が浸透するなか、環境と産業の共生、そして地域経済の好循環を目指した「尼崎版グリーンニューディール」（以下、「AGND」という）が2011（平成23）年度にまとめられ、2012（平成24）年度から関連事業が始まっている。

　AGNDが目指すものは、都市機能が集積し、交通網の利便性を背景に車に頼らずとも暮らしやすい「コンパクトな街」の強みを基盤に、環境的にも、経済的にも、社会的にも「持続可能な街」づくりを進めていくことであり、環境のまちづくりへの取組み、情報発信を通じて、尼崎のイメージ向上にもつなげていくものである。すなわち、コンパクトで持続可能なまちを実現するため、「市内の環境の向上」と「地域経済の活性化」「新規事業・雇用等の創出」の同時達成を目的としている。目的達成のために、「環境と産業の共生」と「地域経済の好循環」を図る手段を考え、尼崎ならではの様々な取組みを推進することとなる。

　このように環境のまちづくりのなかで、AGNDは、環境と産業の共生を進めながら、地域経済の好循環の創出を目指すものである。そこで本稿では、AGNDに関わる施策が、地域経済の多様な主体のなかを循環するなかでどのような効果を生み出すかを考察していきたい。

　AGND施策の経済効果を分析するにあたっては、兵庫県内の地域別産業連関表（平成22年度）を用いることとし、まず、地域別産業連関表から尼崎が重要な役割を担う阪神地区の産業の特徴を把握し、その上で、具体的事例として2012（平成24）年度のAGND施策の経済波及効果に関して阪神地域産業連関表を用いて分析していくこととする。

1 尼崎の産業の特徴

(1) 尼崎の産業の展開

　尼崎市は鉄鋼、化学、機械金属などの基礎素材型産業を中心に産業都市として、日本の経済発展に寄与してきた。尼崎市の産業は明治時代の近代的紡績工場の開業など早くから製造業の集積が進み、港湾の整備を通じ重化学関連の企業も加わり、工業地帯としての姿を整えていった。港湾のある臨海工業地域には、鉄鋼、化学等の基礎素材型産業をはじめ最先端技術を有する大企業や中小企業が立地している。地域中央部分には、一般機械、精密機械等の加工組立型産業の立地が進展し、地元の大手企業や隣接する大阪の企業からの需要に対応すべく、機械金属関係を主体に多様な中小企業も活動している。このため尼崎市の産業は、従来から製造業が大きな比重を占めており、多種多様な業種が集積した工業都市として発展してきた。

　しかし、長引く景気の低迷や産業構造の転換、経済のグローバル化など様々な要因が複雑に作用したことにより、事業所の廃止や転出などが進み、いわゆる産業の空洞化が進んだ。こうした製造業の閉塞感を克服していくため、既存工業の高度化や技術・製品開発力の強化、新たな企業の立地促進を進めることが、尼崎産業の重要な課題となった。そこで、尼崎産業の活力の維持向上を推進する拠点として、産業育成・支援施設や研究開発施設である尼崎リサーチ・コアが整備され、さらにものづくり支援センターが開設されるなど、地域企業の技術開発や新たな事業展開などを支援する取組みが進められてきた。また、企業の新規立地、増設、建て替え等の促進を図るため企業立地促進法に基づく尼崎市の基本計画を策定し、地域と行政が一体となり産業集積の活力の維持改善への取組みを進めてきた。その上で、尼崎市工場立地法の緑地面積率等を緩和する尼崎市工場立地法の特例措置及び景観と環境に配慮した工場緑化等の推進に関する条例が施行されるなど、環境を視野に入れた企業立地の促進が図られてきた。

　また、製造業のみならず、古くから交通・運輸の要衝として栄えてきた利便

性の高さや、平坦な地勢（高低差10m程度）を反映し、様々な都市機能も集積している。ただ、商業面においては、大型商業施設等の隣接市への相次ぐ出店や商圏人口の減少等の影響を受け、多くの商店街・市場において空き店舗が拡大するなど、活力が徐々に低下してきている。このため、製造業とともに、商業やサービス業の活性化を進めることも、尼崎産業の重要な課題となっている。商業の振興については、市場・商店街と大学との協同研究を通じたまちづくりや株式ティー・エム・オー尼崎を中心に尼崎らしい製品や商品を集め情報発信するメイドインアマガサキ事業を展開するなど、地域のコミュニティの醸成や魅力ある商店づくりに積極的に取り組む商業者への支援などが活発化している。近年では、消費地との近接性や交通の利便性から臨海部を中心に倉庫や配送センターなど大規模物流施設の整備もみられ、新たな活力源となっている。

（２）産業連関表からみた阪神地域の産業の特徴

地域経済構造分析研究会（兵庫県、神戸大学等で構成、当研究会の主要メンバーも構成員）が作成した「平成22年阪神地域産業連関表」（36部門表）から、阪神地域の産業の特徴をみていく。

阪神地域の推計対象市町は尼崎市、西宮市、芦屋市、伊丹市、宝塚市、川西市、三田市、猪名川町（７市１町）である。地域経済構造分析研究会では、兵庫県内を神戸市や東播磨地域、西播磨地域など７地域に分け、地域毎に産業連関表を作成している。

阪神地域の2010（平成22）年の域内生産額は、８兆3,354億円であり、そのうち、中間投入額３兆8,550億円（46.2％）、粗付加価値額４兆4,804億円（53.8％）となっている。阪神地域の域内生産額は兵庫県全体の22.8％を占め、粗付加価値額では24.4％を占めている（表１）。他地域の域内生産額の兵庫県内に占める割合をみると、神戸市では28.8％、東播磨地域は22.6％となっている。

表1　平成22年産業連関表における主要項目の概要

項目				実数（億円）			構成比（％）		
				全国	阪神地域	兵庫県	全国	阪神地域	兵庫県
総供給				9,893,000	137,482	509,705	100.0	100.0	100.0
	域内生産額			9,143,573	83,354	366,287	92.4	60.6	71.9
		中間投入		4,487,759	38,550	182,556	45.4	28.0	35.8
			財貨の投入	2,565,556	22,854	113,911	25.9	16.6	22.3
			サービスの投入	1,922,203	16,478	71,895	19.4	12.0	14.1
		粗付加価値		4,655,814	44,804	183,732	47.1	32.6	36.0
			家計外消費支出	159,935	1,329	5,956	1.6	1.0	1.2
			雇用者所得	2,485,512	23,304	96,166	25.1	17.0	18.9
			営業余剰	814,306	9,011	35,927	8.2	6.6	7.0
			資本減耗引当	876,698	8,314	33,867	8.9	6.0	6.6
			間接税	354,521	3,137	12,970	3.6	2.3	2.5
			（控除）補助金	▲35,159	▲290	▲1,154	▲0.4	▲0.2	▲0.2
	移輸入			749,427	54,128	143,418	7.6	39.4	28.1
		輸入（含関税等）		749,427	4,499	21,824	7.6	3.3	4.3
		移入		−	49,629	121,594	−	36.1	23.9
総需要				9,893,000	137,482	509,705	100.0	100.0	100.0
	域内需要			9,154,056	95,364	367,978	92.5	69.4	72.2
		中間需要		4,487,759	38,550	182,556	45.4	28.0	35.8
		域内最終需要		4,666,297	56,814	185,423	47.2	41.3	36.4
			家計外消費支出	159,935	1,329	5,956	1.6	1.0	1.2
			民間消費支出	2,754,090	34,593	107,035	27.8	25.2	21.0
			一般政府消費支出	790,442	9,176	32,289	8.0	6.7	6.3
			総固定資本形成	977,801	11,845	41,161	9.9	8.6	8.1
			在庫純増	▲15,972	▲129	▲1,019	▲0.2	▲0.1	▲0.2
	移輸出			738,944	42,118	141,727	7.5	30.6	27.8
		輸出		738,944	4,949	26,255	7.5	3.6	5.2
		移出		−	37,169	115,472	−	27.0	22.7
域際収支（移輸出−移輸入）				▲10,483	▲12,010	▲1,691	−	−	−

出典：地域経済構造分析研究会（2013）「平成22年阪神地域産業連関表」、同「平成22年兵庫県産業連関表」、経済産業省（2013）「平成22年産業連関表（延長表）」

①特化係数

各産業の特徴をまず、特化係数からみてみる。特化係数は、特定地域の産業毎の構成比を全国平均の構成比で割った値（全国平均＝1）であり、特化係数が高い産業は、その特定地域で活動が活発なことを示す。阪神地域の特化係数をみると、1位：情報・通信機器、2位：非鉄金属、3位：電子部品、4位：金属製品、5位：電気機械と製造業が上位を占めている（表2）。

②産業部門別 RIC 指数

RIC 指数は、競争力のある産業はより多く地域外に移輸出されていると考え、地域外への移輸出から地域外からの移輸入を差し引いた域際収支（＝移輸出－移輸入）に着目し、地域内生産額に対して域際収支がどの程度の大きさを示した指数である。RIC 指数が大きい産業部門ほど対外的競争力が高く、RIC 指数がプラスであれば、その産業部門には対外的競争力がある。逆に指数値がマイナスとなりマイナス値が大きいほど対外的競争力が低い。

● RIC 指数 ＝（移輸出額－移輸入額）／域内生産額×100（％）

阪神地域の RIC 指数をみると、特化係数同様に、製造業が上位を占めている（表3）。

RIC 指数が高い部門：非鉄金属（38.2）、電子部品（34.5）、金属製品（30.5）
RIC 指数が低い部門：漁業（▲11,503）、鉱業（▲5,839）、農林業（▲1,342）

表2　産業部門別域内生産額（平成22年）

統合大分類 （36部門）	実数（億円）			構成比（%）			全国との比較 阪神地域		順位
	全国	阪神地域	兵庫県	全国	阪神地域	兵庫県	国内生産額に占める割合（%）	特化係数（全国平均=1）	
1　農林業	11,145,016	8,454	147,522	1.2	0.1	0.4	0.08	0.08	35
2　漁業	1,482,557	154	42,250	0.2	0.0	0.1	0.01	0.01	36
3　鉱業	826,267	1,685	10,087	0.1	0.0	0.0	0.20	0.22	32
4　飲食料品	35,782,528	477,235	2,012,727	4.0	5.7	5.5	1.33	1.43	7
5　繊維製品	3,249,627	19,095	117,223	0.4	0.2	0.3	0.59	0.63	27
6　パルプ・紙木製品	11,310,380	127,529	442,469	1.3	1.5	1.2	1.13	1.21	12
7　化学製品	27,744,288	240,838	1,697,878	3.1	2.9	4.6	0.87	0.93	23
8　石油・石炭製品	18,953,382	16,269	168,574	2.1	0.2	0.5	0.09	0.09	34
9　窯業・土石製品	6,095,366	56,039	231,344	0.7	0.7	0.6	0.92	0.99	20
10　鉄鋼	28,361,111	275,468	3,175,692	3.2	3.3	8.7	0.97	1.04	18
11　非鉄金属	9,016,787	179,296	300,660	1.0	2.2	0.8	1.99	2.13	2
12　金属製品	10,499,859	192,183	717,499	1.2	2.3	2.0	1.83	1.96	4
13　一般機械	21,981,020	219,984	1,911,953	2.5	2.6	5.2	1.00	1.07	17
14　電気機械	17,887,850	266,275	1,461,920	2.0	3.2	4.0	1.49	1.60	5
15　情報・通信機器	8,446,821	176,543	393,711	0.9	2.1	1.1	2.09	2.24	1
16　電子部品	13,756,285	266,005	516,868	1.5	3.2	1.4	1.93	2.07	3
17　輸送機械	51,028,620	188,340	1,024,915	5.7	2.3	2.8	0.37	0.40	31
18　精密機械	3,359,567	15,989	67,835	0.4	0.2	0.2	0.48	0.51	29
19　その他の製造工業製品	22,974,682	130,847	962,822	2.6	1.6	2.6	0.57	0.61	28
20　建設	51,255,035	577,079	2,026,945	5.7	6.9	5.5	1.13	1.21	13
21　電力・ガス・熱供給	19,838,797	81,153	510,535	2.2	1.0	1.4	0.41	0.44	30
22　水道・廃棄物処理	7,620,957	98,562	330,682	0.9	1.2	0.9	1.29	1.39	8
23　卸売	54,967,022	323,799	1,773,172	6.1	3.9	4.8	0.59	0.63	26
24　小売	36,172,918	377,564	1,461,301	4.0	4.5	4.0	1.04	1.12	15
25　金融・保険	34,357,279	206,422	977,180	3.8	2.5	2.7	0.60	0.64	25
26　不動産	68,198,708	940,669	2,880,224	7.6	11.3	7.9	1.38	1.48	6
27　運輸	38,896,056	452,807	2,030,185	4.3	5.4	5.4	1.16	1.25	11
28　情報通信	46,624,784	90,451	494,425	5.2	1.1	1.3	0.19	0.21	33
29　公務	26,974,450	236,514	907,180	3.0	2.8	2.5	0.88	0.94	22
30　教育・研究	32,626,358	420,409	1,236,208	3.6	5.0	3.4	1.29	1.38	9
31　医療・保健・社会保障・介護	56,155,773	669,201	2,419,395	6.3	8.0	6.6	1.19	1.28	10
32　その他の公共サービス	4,629,268	52,043	194,651	0.5	0.6	0.5	1.12	1.21	14
33　対事業所サービス	58,878,603	416,807	1,890,880	6.6	5.0	5.2	0.71	0.76	24
34　対個人サービス	48,072,198	486,072	1,889,396	5.4	5.8	5.2	1.01	1.08	16
35　事務用品	1,420,483	13,310	54,341	0.2	0.2	0.1	0.94	1.01	19
36　分類不明	3,743,114	34,339	148,090	0.4	0.4	0.4	0.92	0.98	21
37　内生部門計	894,333,816	8,335,429	36,628,739	100.0	100.0	100.0	0.93	1.00	
製　造　業	309,663,794	2,405,039	13,339,453	34.6	28.9	36.4	0.78	0.83	
基礎素材型	122,651,813	1,180,077	8,203,600	13.7	14.2	22.4	0.96	1.03	
加工組立型	117,453,825	1,043,999	4,428,071	13.1	12.5	12.1	0.89	0.95	
生活関連・その他型	69,558,156	180,963	707,782	7.8	2.2	1.9	0.26	0.28	

（注）製造業の区分　①基礎素材型…7～13、②加工組立型…14～18、③生活関連・その他型…4～6、19
出典：地域経済構造分析研究会（2013）「平成22年阪神地域産業連関表」

Ⅵ 産業連関表からみた尼崎の産業の特徴と「尼崎版グリーンニューディール」(AGND) の経済効果

表3　阪神地域産業部門別RIC指数(平成22年)

(単位:百万円、%)

	統合大分類 (36部門)	域内生産額 A	移輸出 B	移輸入 C	RIC 指数 D=(B-C)/A*100	順位
1	農林業	8,454	5,588	▲119,051	▲1,342.1	32
2	漁業	154	147	▲17,862	▲11,503.2	34
3	鉱業	1,685	1,416	▲99,796	▲5,838.6	33
4	飲食料品	477,235	222,163	▲216,512	1.2	11
5	繊維製品	19,095	15,351	▲56,345	▲214.7	29
6	パルプ・紙木製品	127,529	99,009	▲111,230	▲9.6	18
7	化学製品	240,838	201,950	▲224,621	▲9.4	17
8	石油・石炭製品	16,269	13,485	▲183,493	▲1,045.0	31
9	窯業・土石製品	56,039	39,249	▲42,746	▲6.2	15
10	鉄鋼	275,468	257,647	▲242,019	5.7	9
11	非鉄金属	179,296	162,331	▲93,786	38.2	1
12	金属製品	192,183	153,753	▲95,185	30.5	3
13	一般機械	219,984	180,533	▲153,915	12.1	7
14	電気機械	266,275	211,621	▲149,277	23.4	5
15	情報・通信機器	176,543	124,571	▲73,077	29.5	4
16	電子部品	266,005	252,797	▲160,999	34.5	2
17	輸送機械	188,340	149,808	▲187,362	▲19.9	22
18	精密機械	15,989	6,360	▲33,101	▲167.2	28
19	その他の製造工業製品	130,847	101,281	▲189,236	▲67.2	25
20	建設	577,079	0	0	0.0	12
21	電力・ガス・熱供給	81,153	38,148	▲173,112	▲166.3	27
22	水道・廃棄物処理	98,562	59,912	▲44,211	15.9	6
23	卸売	323,799	308,235	▲500,539	▲59.4	24
24	小売	377,564	145,955	▲198,907	▲14.0	19
25	金融・保険	206,422	169,810	▲313,400	▲69.6	26
26	不動産	940,669	109,206	▲57,868	5.5	10
27	運輸	452,807	199,013	▲270,992	▲15.9	21
28	情報通信	90,451	60,541	▲262,336	▲223.1	30
29	公務	236,514	0	0	0.0	12
30	教育・研究	420,409	236,471	▲205,947	7.3	8
31	医療・保健・社会保障・介護	669,201	179,629	▲221,794	▲6.3	16
32	その他の公共サービス	52,043	30,768	▲33,401	▲5.1	14
33	対事業所サービス	416,807	213,203	▲340,778	▲30.6	23
34	対個人サービス	486,072	237,198	▲309,393	▲14.9	20
35	事務用品	13,310	0	0	0.0	
36	分類不明	34,339	24,651	▲30,515	▲17.1	
37	内生部門計	8,335,429	4,211,800	▲5,412,806	▲14.4	

出典:地域経済構造分析研究会 (2013)「平成22年阪神地域産業連関表」

③阪神地域スカイラインチャートの概要

　産業連関表からスカイラインチャートを作成することにより地域ごとの産業構造や交易構造の特徴を全体的に把握できる。スカイラインチャートの縦軸は各産業部門の域内需要を1（100％）として、域内生産額、移輸出、移輸入の比率をあらわしたものであり、各棒グラフの高さは総供給（総需要）をあらわしている（図1）。

　域内需要が縦軸の100％ラインの高さにあたり、100％ラインを超えている部分が移輸出をあらわしている。「域内需要＋移輸出＝総需要」であるので、グラフ全体の高さが各産業部門の総需要をあらわしている。「総需要＝総供給」であり「総供給＝域内生産＋移輸入」であるので、産業部門ごとの総供給に占める域内生産分と移輸入分をあらわしている。チャートの横軸は各産業部門の生産額構成比をあらわしており、棒グラフの幅が産業別生産額のウエイトをあらわしている。

　棒グラフの高さが高くなるほどその部門の生産額が大きく、域外需要により移輸出されており、逆に棒グラフの高さが低く移輸入をあらわす部分が大きいほどその産業部門の域内生産額が小さく、域外から移輸入している。棒グラフの幅が太くなるほど域内の総生産に占めるその部門のウエイトが高く、逆に幅が細いほどウエイトが低い。

　阪神地域のスカイラインチャート（図1）をもとにして、阪神地域の特徴を挙げてみたい。まず、図を横軸方向にみると、域内生産額のシェアが高い（棒グラフの幅が太い）のは、医療・保健・社会保障・介護、建設、対個人サービス、飲食料品、運輸などである[1]。

　これらを縦軸方向にみると、医療・保健・社会保障・介護は、自給率が100％に近く、なおかつ移輸出（棒グラフの100％を超える部分）が小さく、移輸入（網掛け部分）も小さい。つまり、他の産業と比較すると、移輸出入の割合が小さく、多くが域内で生産消費される傾向にある。建設は、自給率が100％であり移輸出入はなくすべて域内で生産消費されている。また、対個人サービスと運輸は、自給率が100％をやや下回っており、移輸出よりも移輸入が多くなっている。飲食は、自給率がほぼ100％であり、移輸出と移輸入がほ

Ⅵ　産業連関表からみた尼崎の産業の特徴と「尼崎版グリーンニューディール」(AGND)の経済効果

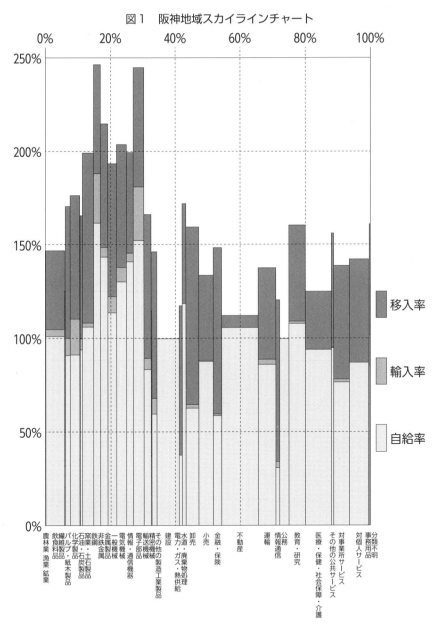

図1　阪神地域スカイラインチャート

出典：地域経済構造分析研究会（2013）資料をもとに大阪湾ベイエリア地域構造研究会が作成

ほ同程度である。

次に、図を縦軸方向にみる。移輸出（棒グラフの100％を超える部分）に着目すると、他の産業と比較して、製造業は全体的に棒グラフが高くなっており、移輸出の割合が高いことがわかる。とくに、鉄鋼、電子部品、非鉄金属、電気機械は200％を上回っており、域内需要よりも移輸出の方が大きい。

一方、移輸入に着目すると、金額ベース（網掛け部分の面積）で大きく移輸入に依存しているのは、卸売、対事業所サービス、金融・保険、対個人サービス、運輸である。このうち、金融・保険と卸売は、自給率が低く、移輸入に依存する割合も高くなっている。

④所得（付加価値額）創出と雇用

雇用者所得順をみても、①医療・保健・社会保障・介護（3,227億円）、②教育・研究（2,712億円）、③建設（2,080億円）など、サービス業が上位を占めている。地域の分配所得（雇用者所得等）の源泉になる、所得（付加価値額）を多く生み出している産業の状況をみてみる。付加価値額順は、①不動産（8,107億円※持ち家帰属家賃を含む）、②医療・保健・社会保障・介護（4,074億円）、③教育・研究（3,059億円）となっている（表4）。

また、産業連関表の作成に伴い、「雇用表」（36部門）も作成されている。雇用表は、各部門の生産活動に投入された従業者数を示したもので、地域の雇用を吸収している産業の特徴がみてとれる（表5）。

平成22年域内従業者総数は41万8,862人である。産業別構成（36部門）で、構成比が高い部門は小売業（22.5％）、医療・保健・社会保障・介護（22.1％）、対個人サービス（21.3％）の順となり、雇用者所得同様にサービス業が上位を占めている。従業者総数順では、小売（94,117人）、医療・保健・社会保障・介護（92,505人）、対個人サービス（89,082人）である。製造業は、少ない人数で、大きな生産を生み出すため、雇用創出面での寄与はサービス業に比べ低くなっている。

表4　阪神地域部門別付加価値額（平成22年）

(単位：百万円、％)

統合大分類（36部門）		付加価値額	構成比	順位	(参考)雇用者所得	構成比	順位
1	農林業	4,110	0.09	31	758	0.03	33
2	漁業	88	0.00	34	27	0.00	35
3	鉱業	748	0.02	33	337	0.01	34
4	飲食料品	195,955	4.37	10	58,713	2.52	10
5	繊維製品	7,048	0.16	29	4,938	0.21	29
6	パルプ・紙木製品	43,260	0.97	24	20,983	0.90	25
7	化学製品	69,028	1.54	16	26,158	1.12	21
8	石油・石炭製品	3,472	0.08	32	810	0.03	32
9	窯業・土石製品	24,692	0.55	28	9,868	0.42	27
10	鉄鋼	63,631	1.42	18	24,300	1.04	23
11	非鉄金属	45,079	1.01	23	16,474	0.71	26
12	金属製品	81,959	1.83	15	54,468	2.34	12
13	一般機械	85,471	1.91	13	50,755	2.18	14
14	電気機械	83,399	1.86	14	53,672	2.30	13
15	情報・通信機器	39,416	0.88	25	23,187	1.00	24
16	電子部品	66,907	1.49	17	39,902	1.71	15
17	輸送機械	48,795	1.09	22	28,890	1.24	17
18	精密機械	6,171	0.14	30	3,686	0.16	30
19	その他の製造工業製品	52,316	1.17	20	32,751	1.41	16
20	建設	275,268	6.14	5	208,023	8.93	3
21	電力・ガス・熱供給	34,187	0.76	27	7,660	0.33	28
22	水道・廃棄物処理	56,011	1.25	19	25,576	1.10	22
23	卸売	222,927	4.98	9	113,064	4.85	9
24	小売	252,927	5.65	8	182,325	7.82	4
25	金融・保険	133,989	2.99	12	56,029	2.40	11
26	不動産	810,671	18.09	1	28,204	1.21	19
27	運輸	272,757	6.09	6	156,229	6.70	6
28	情報通信	51,305	1.15	21	27,864	1.20	20
29	公務	151,992	3.39	11	146,375	6.28	7
30	教育・研究	305,852	6.83	3	271,184	11.64	2
31	医療・保健・社会保障・介護	407,379	9.09	2	322,737	13.85	1
32	その他の公共サービス	34,509	0.77	26	28,228	1.21	18
33	対事業所サービス	266,297	5.94	7	162,386	6.97	5
34	対個人サービス	288,882	6.45	4	142,830	6.13	8
35	事務用品	0	0.00	35	0	0.00	36
36	分類不明	▲6,080	▲0.14	36	960	0.04	31
40	内生部門計	4,480,418	100.00		2,330,351	100.00	

出典：地域経済構造分析研究会（2013）「平成22年阪神地域産業連関表」

表5　平成22年阪神地域雇用表

(単位：人)

統合大分類（36部門）		従業者総数	雇用者	域内生産額 百万円	就業者係数	雇用係数	就業者係数 平均＝1	雇用係数 平均＝1	就業者係数 順位
					生産額百万円当たり				
1	農林業	4,638	1,102	8,454	0.54862	0.13035	10.92	2.00	34
2	漁業	11	0	154	0.07143	0.00000	1.42	0.00	21
3	鉱業	55	55	1,685	0.03264	0.03264	0.65	0.50	11
4	飲食料品	16,086	15,958	477,235	0.03371	0.03344	0.67	0.51	12
5	繊維製品	1,582	1,335	19,095	0.08285	0.06991	1.65	1.07	25
6	パルプ・紙木製品	2,278	1,977	127,529	0.01786	0.01550	0.36	0.24	6
7	化学製品	6,360	6,360	240,838	0.02641	0.02641	0.53	0.41	8
8	石油・石炭製品	87	87	16,269	0.00535	0.00535	0.11	0.08	1
9	窯業・土石製品	1,971	1,881	56,039	0.03517	0.03357	0.70	0.52	13
10	鉄鋼	4,893	4,715	275,468	0.01776	0.01712	0.35	0.26	5
11	非鉄金属	3,029	2,889	179,296	0.01689	0.01611	0.34	0.25	3
12	金属製品	8,546	7,948	192,183	0.04447	0.04136	0.88	0.64	14
13	一般機械	10,617	10,303	219,984	0.04826	0.04684	0.96	0.72	16
14	電気機械	8,523	3,363	266,275	0.03201	0.01263	0.64	0.19	10
15	情報・通信機器	7,855	7,817	176,543	0.04449	0.04428	0.89	0.68	15
16	電子部品	6,761	6,732	266,005	0.02542	0.02531	0.51	0.39	7
17	輸送機械	5,099	5,007	188,340	0.02707	0.02658	0.54	0.41	9
18	精密機械	1,370	1,355	15,989	0.08568	0.08475	1.71	1.30	26
19	その他の製造工業製品	8,477	7,739	130,847	0.06479	0.05915	1.29	0.91	20
20	建設	30,705	24,108	577,079	0.05321	0.04178	1.06	0.64	18
21	電力・ガス・熱供給	792	792	81,153	0.00976	0.00976	0.19	0.15	2
22	水道・廃棄物処理	4,809	4,754	98,562	0.04879	0.04823	0.97	0.74	17
23	卸売	24,258	23,573	323,799	0.07492	0.07280	1.49	1.12	24
24	小売	94,117	83,775	377,564	0.24927	0.22188	4.96	3.41	33
25	金融・保険	11,457	11,187	206,422	0.05550	0.05419	1.10	0.83	19
26	不動産	16,506	13,823	940,669	0.01755	0.01469	0.35	0.23	4
27	運輸	33,051	31,683	452,807	0.07299	0.06997	1.45	1.07	22
28	情報通信	8,721	7,643	90,451	0.09642	0.08450	1.92	1.30	29
29	公務	17,280	17,280	236,514	0.07306	0.07306	1.45	1.12	23
30	教育・研究	46,247	41,920	420,409	0.11000	0.09971	2.19	1.53	30
31	医療・保健・社会保障・介護	92,505	87,026	669,201	0.13823	0.13004	2.75	2.00	31
32	その他の公共サービス	4,833	4,416	52,043	0.09287	0.08485	1.85	1.30	28
33	対事業所サービス	38,334	31,983	416,807	0.09197	0.07673	1.83	1.18	27
34	対個人サービス	89,082	71,943	486,072	0.18327	0.14801	3.65	2.27	32
35	事務用品	0	0	13,310	0.00000	0.00000	0.00	0.00	
36	分類不明	521	178	34,339	0.01517	0.00518	―	―	
37	内生部門計	418,862	542,707	8,335,429	0.05025	0.06511	1.00	1.00	

出典：地域経済構造分析研究会（2013）「平成22年阪神地域雇用表」、「平成22年阪神地域産業連関表」

2 AGNDの経済効果

(1) AGNDによる地域経済の循環

　AGNDの基本的な考え方は、市内におけるCO_2を削減したい、再生可能エネルギーの供給を促したい、といった環境保全の「需要」に対して、環境技術・製品の開発や環境保全に向けたイベント・サービスの開催など、経済活動が「供給」で応えるという動きの継続性を保っていくことである。「需要」と「供給」の動きが各々活発化するよう、まず、「需要」への働きかけとしては、事業活動における環境配慮や市民のライフスタイルの変革の促進や、公共のエコ需要として公共施設整備等における行政の率先した環境配慮の推進などがある。他方、「供給」への働きかけとして環境技術の開発など産業支援や新たな起業・産業化への支援が必要となる。また、「需要」「供給」間の動きが円滑に進むよう、地域資源を活かした環境保全・創造への取組みの促進など潤滑油の注入という視点も重要である。

　こうした取組みが、産業部門における環境負荷とりわけCO_2排出原単位を低減させ、さらに尼崎市から生み出される環境に優れた製品・サービス（エコプロダクツ）を、市内外に広く行き渡らせることによる相乗効果で、産業界における経済成長と、市全体のCO_2排出量の大幅削減の両立を実現することにつながる。具体的には以下のような施策があげられる。

①民間のエコ需要喚起

・環境に配慮した事業活動を促進する。環境マネジメントシステムの導入支援や環境配慮事業者の優遇など、事業者の自主的な環境活動を促し、環境負荷のより小さい省エネ機器の導入、事務所・工場のエコ改修を促進する。
・市民が自ら居住する住宅を対象に、太陽熱利用システムや発電機能を有する給湯器であるエコウィル、エコファームの設置を推進する。

②需要に応える供給促進
・環境関連技術開発・商用化・展開の支援等により環境関連産業の育成を促す。時代のニーズにマッチした環境関連技術の開発や商用化・展開を支援し、優れた環境配慮型製品や技術の発掘、広報も行い、環境関連産業の育成を図る。
・エコビジネスの立上げ、省エネ機器や再生可能エネルギー設備の導入、省エネ改修、環境関連セミナーの開催、エコビジネスのマッチングなどにあたって、地域の金融機関や政府系金融機関と連携し、資金面から産業界の取組みを支援する。

③公共のエコ需要喚起
市民や事業者における環境配慮を促進するため、一事業者として市が率先し、街路灯のLED化など事業活動から排出される温室効果ガスの削減に取り組む。

④市民・事業者のエコ意識・行動の変革促進
環境学習講座・啓発イベント等の展開や、古紙・雨水の再利用を促進する。また、尼崎運河の再生など、地域資源を活かした環境保全・創造への取組みを促進する。

（2）2012（平成24）年度事業に伴う経済波及効果

「環境と産業の共生」と「地域経済の好循環」を図るため、AGND事業として2012（平成24）年度には、表6のような事業が行われた。
こうした、2012（平成24）年度の施策を、尼崎市経済活性対策課資料により金額面でとらえ、最終需要額を推計し、平成22年阪神地域産業連関表の36部門に配分すると表7のようになる。

Ⅵ 産業連関表からみた尼崎の産業の特徴と「尼崎版グリーンニューディール」（AGND）の経済効果

表6　平成24年尼崎版グリーンニューディール事業一覧

	事業名	事業概要
1	環境保全対策推進事業（自然エネルギー等導入促進）	エコウィル、エネファームの設置費用補助 私立保育園・幼稚園への太陽光発電設備設置補助（補助率1/2）
2	中小企業エコ活動総合支援事業（無料省エネ診断等）	無料省エネ診断・省エネ設備導入補助（補助率1/3）
3	街路灯維持管理事業（街路灯LED化）	水銀灯等既存の街路灯から環境に配慮したLED灯に順次改修する。
4	中小企業エコ活動総合支援事業（中小企業エコ活動促進資金事業）	設備資金・運転資金について、日本政策金融公庫の地域活性化・雇用促進資金を活用した融資制度。
5	尼崎市雨水貯留タンク設置助成金交付事業	雨水貯留タンクを設置しようとする者に対して助成金の交付を行う（補助率1/2）。
6	中小企業新技術・新製品創出支援事業	市内事業者が行う研究開発に対して経費の一部を補助してきた事業について、環境保全や先駆的な環境・エネルギー技術の活用に資する取組への支援を拡充し、技術開発を促進する。
7	環境保全対策推進事業（あまがさきエコプロダクツ支援事業）	市内で製造される環境負荷の低減に寄与する工業製品の発掘、表彰。
8	メイドインアマガサキ「エコロジー部門」	尼崎ならではの商品の情報発信に取り組む「メイドインアマガサキ」コンペにおいて「エコロジー部門」を創設し、環境に配慮した商品を認定する。（補助対象経費（支出）の3分の1を補助）
9	環境・エネルギー技術強化支援事業（国の緊急雇用特別交付金を活用）	ものづくり経験を有する技術指導員を雇用し、市内中小企業への技術開発や支援のニーズを把握しながら、ものづくり支援センター等の支援機器やノウハウを活用した環境・エネルギー分野の新技術開発・試作支援等を強化する。
10	環境保全対策推進事業（エコチャレンジあまがさき推進事業）	環境家計簿や二酸化炭素排出量を見える化する機器の活用、親子向け環境映画会の開催等を行う。
11	あまがさき環境オープンカレッジ推進事業	市民、学校、企業、行政で組織する実行委員会が「あまがさき環境オープンカレッジ」を協働で運営し、環境学習講座や啓発イベント等を実施。
12	尼崎版グリーンニューディール推進事業	庁内推進体制において、重点テーマの設定、具体的な施策・事業の検討を行う。

出典：尼崎市経済活性対策課資料より作成

表7　平成24年度尼崎版グリーンニューディール事業最終需要額（推計値）

	事業名	金額 (千円)	直接効果 (百万円)	備考 36部門
1	環境保全対策推進事業	350,092	350.1	電気機械
2	中小企業エコ活動総合支援事業	1,395	1.4	電気機械
3	街路灯維持管理事業	49,622	49.6	電気機械（0.9）
4	中小企業エコ活動総合支援事業	5,000	5.0	輸送機械
5	雨水貯留タンク設置助成金交付事業	745	0.7	その他製造工業
6	中小企業新技術・新製品創出支援事業	9,090	9.1	一般機械
7	環境保全対策推進事業	356	0.4	事業所サービス
8	メイドインアマガサキ「エコロジー部門」	2,363	2.4	事業所サービス
9	環境・エネルギー技術強化支援事業	14,449	14.4	事業所サービス
10	環境保全対策推進事業	595	0.6	個人サービス
11	あまがさき環境オープンカレッジ推進事業	1,220	1.2	事業所サービス
12	尼崎版グリーンニューディール推進事業	1,184	1.2	事業所サービス
	計	436,111	436.1	

出典：尼崎市経済活性対策課資料より作成

更に、上記の2012（平成24）年度の施策に関わる活動は、他の産業の生産を誘発する。例えばレストランで食事をすれば、料理に使用される米・野菜や肉・魚（農業・漁業）、調味料、パン、デザート（飲食料品）など関連した産業の需要につながる。こうした経済波及効果を2010（平成22）年地域別産業連関表を用いて測定すると、2012（平成24）年度AGND事業が、尼崎市を含む阪神地域内に及ぼした経済波及効果（生産誘発額）は5億6,610万円となった。

　これは、環境関連事業実施による阪神地域内への直接効果を4億3,660万円とし、この直接効果をもとに平成22年阪神地域産業連関表を用いて、経済波及効果を算出した。経済波及効果の内訳は、直接効果が4億3,660万円、第一次波及効果が7,630万円、第二次波及効果が5,370万円で、合計5億6,610万円（直接効果の1.30倍）となった（表8）。この経済波及効果を雇用に換算すると、就業者誘発数は21人（うち雇用者誘発数は13人）である（表9）。

表8　経済波及効果まとめ

項目	生産誘発額（百万円）	粗付加価値誘発額（百万円）	就業者誘発数（人）	うち雇用者誘発数（人）
経済波及効果（A）	566.1	208	21	13
当初需要額（B）	436.1	ー	ー	ー
当初比（C=A/B）	1.30	ー	ー	ー

直接効果	436.6
第一次間接効果	76.3
第二次間接効果	53.7

資料：地域経済構造分析研究会（2013）「平成22年阪神地域産業連関表」

Ⅵ　産業連関表からみた尼崎の産業の特徴と「尼崎版グリーンニューディール」(AGND) の経済効果

表9　各部門 (36部門) の生産額 (最終需要額) が増加した場合の域内への経済波及効果

		経済波及効果 (百万円、人)			エネルギー 消費量	CO_2発生量
	生産誘発額	付加価値誘発額	就業者誘発数	雇用者誘発数	千GJ	Kt-CO_2
1 農林業	0.0	0.0	0	0	0.4	0.0
2 漁業	0.0	0.0	0	0	0.0	0.0
3 鉱業	0.0	0.0	0	0	0.7	0.0
4 飲食料品	5.5	2.2	0	0	35.0	2.2
5 繊維製品	0.2	0.1	0	0	1.6	0.1
6 パルプ・紙木製品	1.1	0.3	0	0	32.5	1.4
7 化学製品	1.2	0.3	0	0	28.1	1.9
8 石油・石炭製品	0.1	0.0	0	0	2.8	0.2
9 窯業・土石製品	1.3	0.5	0	0	71.6	11.5
10 鉄鋼	1.8	0.4	0	0	125.2	12.0
11 非鉄金属	4.5	1.1	0	0	35.8	2.7
12 金属製品	4.3	1.8	0	0	19.0	1.1
13 一般機械	11.3	4.2	0	0	16.7	1.0
14 電気機械	410.4	120.5	13	5	799.6	45.0
15 情報・通信機器	0.6	0.1	0	0	0.4	0.0
16 電子部品	2.5	0.6	0	0	8.3	0.5
17 輸送機械	5.8	1.5	0	0	17.0	1.0
18 精密機械	0.2	0.1	0	0	0.4	0.0
19 その他の製造工業製品	3.3	1.2	0	0	7.2	0.5
20 建設	8.6	4.0	0	0	26.1	1.8
21 電力・ガス・熱供給	1.7	0.7	0	0	652.6	38.7
22 水道・廃棄物処理	1.0	0.5	0	0	14.0	3.3
23 卸売	0.9	0.6	0	0	1.2	0.1
24 小売	6.1	4.0	1	1	34.7	2.1
25 金融・保険	1.2	0.8	0	0	0.5	0.0
26 不動産	22.9	19.7	0	0	9.9	0.6
27 運輸	10.0	5.8	1	1	424.7	29.2
28 情報通信	1.0	0.6	0	0	0.9	0.1
29 公務	0.4	0.3	0	0	2.0	0.1
30 教育・研究	16.3	11.7	2	2	87.9	5.8
31 医療・保健・社会保障・介護	3.3	2.0	0	0	12.1	0.8
32 その他の公共サービス	0.7	0.4	0	0	2.7	0.2
33 対事業所サービス	30.5	18.9	3	3	32.8	2.2
34 対個人サービス	6.2	3.5	1	1	41.2	2.5
35 事務用品	0.8	0.0	0	0	0.0	0.0
36 分類不明	0.5	▲0.1	0	0	3.9	0.3
合計	566.1	208.1	21	13	2,549	169.1

出典：地域経済構造分析研究会 (2013)「平成22年阪神地域産業連関表」

3 産業面からみた環境のまちづくり

(1) AGND 政策の実施に伴う継続的な効果

 企業の新エネ、省エネ等に関わる技術革新や事業の立ち上げ、公共施設で使用する施設の更新など AGND 政策の実施は、上記のような経済波及効果をもたらすが、更に、継続的な事業の展開、継続的な CO_2 の削減など、第2段階の効果が考えられる。

① CO_2 の削減効果

 公共施設で使用する空調や照明等の省エネ改修、街路灯・公園灯の LED 等高効率照明への更新など、施設工事など直接的なエコ需要を生み出すが、施行後は、使用電力の軽減などを通じ、CO_2 削減の効果が継続的にもたらされることとなる。

 更に、温室効果ガス排出量の削減目標を設定する事業者には、優先的な無料省エネ診断の割り当てや、目標を達成した事業所の表彰などのフォローアップを行う、また、環境マネジメントシステム（ISO14001、エコアクション21など）認証取得を尼崎市入札参加の経営審査における社会貢献の評価項目とするとともに、民間事業者の環境マネジメントシステムの導入を支援する、などを通じて、継続的な CO_2 削減への取組みが大切となろう。

 こうした CO_2 削減への取組みに関して、数値を用いた指標から捉える試みも必要となる。経済活動から生まれる経済的効用である付加価値額の増加に対して環境負荷がどのように改善されたかを見るため、温室効果、酸性化、富栄養化、廃棄物の最終処分など環境分野別である環境効率改善指標が作成されている。これは GDP の増加率に比べて環境負荷がどのように変化しているかを見る指標である。環境負荷の増加率が経済的効用の増加率と比べ小さいことは、経済の持続可能性から見て望ましいことである。この指標の改善が持続可能な社会づくりに向けての目標指標となる。

 環境活動は、尺度がはっきりしないことが多く客観的な評価が困難なことが

問題となるため、環境負荷と経済を貨幣価値という共通の尺度ではかることが多い。環境と経済との関連指標を作成することにより、環境負荷や環境効率などのデータで明らかにすることができる。環境と経済についての評価指標としては、費用対効果指標、目標達成度指標などがある。このうち投入・産出比率である費用対効果は、費用、効果の比較により施策の効率性等の程度を把握することができる。費用対効果は、排出量、集団回収量、総費用から得られる比率を用いる。環境の指標化の取組みには可視化、指標化、情報共有化、経済的インセンティブが必要であるため、環境負荷を定量化し評価・認証する仕組み（基準）づくりが必要である。基準と目標値比較（目標達成率比較）は、効率性、有効性が把握される指標、いわゆる環境パフォーマンス指標である。たとえば、二酸化炭素（CO_2）排出改善達成率、エネルギー効率改善達成率などがある。個別では、経済効果／環境費用総額、環境プロジェクトの費用・便益、資源化率、資源化単価推計であるが、貨幣単位、物量単位、貨幣単位と物量単位換算比率データの作成によりデータ利用の幅が広がる。

また、目的達成度指標は、目標値、計画値、実績値との比較により施策の効率性、有効性の程度を把握できる。CO_2排出量、廃棄物発生量、廃棄物再資源化率等の環境行動目標を設定し、その達成率を推計する。

行政や企業における環境評価指標について整理してみると表10のようになる。

よりきめ細かい環境施策の立案には、環境改善活動の産業部門、運輸部門、家庭部門など分野別把握、事業活動別では事業所、生産、輸送について再資源化や廃棄物処理の環境貢献度などを明らかにする。時系列データにより環境改善実績は前年と比べどれだけ改善したかをみることができる。足元の状態を迅速に把握するため、一定期間経過時点で年間換算値により環境改善の進捗度合を確認する。特に環境指標の進捗状況は、年度当初に設定された計画値を半期の実績値で進捗状況を把握し、特定時点（たとえば１年後）の達成度（計画値との乖離割合）をみることにより計画の見直しを行うことができるなど、持続可能な社会の実現に向けて利用可能な指標である。

これらの指標は、資源投入量が増加し環境負荷が増大したときでも、GDPによっては改善を表す可能性があるため、経済活動の活発さと環境負荷との相

対的関係を表す効率指標であり、絶対的な持続可能性を表すものではない。そのため、絶対的な持続可能性指標としては、このようなフロー概念に基づいた指標ではなく、ストック概念に基づいた指標も求められる。環境効率の向上は、現在の指標と基準年の指標の比較による環境効率向上倍率による指標が一般的であるが、基準年をいつにするかでこの指標の意味合いが変化する。現在、環境関連データの一部は整備途上であり、基準年を古くしすぎると環境データの存在が現時点のデータと比較して粗野であることから、環境指標の精度が低下する。環境指標が持続可能な地域社会形成のため、経済効果のデータが「ECO未来都市づくり」に向けて事業効果評価やモニタリング指標として役立てられることを期待する。

表10　行政や企業における環境評価指標例

区分	項目		指標例	単位
統合環境指標	投入産出比率	効果／費用	効果（貨幣換算） CO_2総排出量 総資源化量 最終処分量	費用（円） 公害防止コスト 地球環境保全コスト 自然循環コスト 環境負荷抑制コスト
	目標達成率	達成値／目標値	CO_2総排出量 エネルギー効率 総資源化量	千トン-CO_2 エネルギー原単位 トン
		環境負荷指標	CO_2換算総合指標 大気（地球温暖化） 水質負荷量 廃棄物総量	トン-CO_2 トン-CO_2 トン トン
	その他	廃棄物	廃棄物処理蓄積量比較 （1959年以降）	比較時／基準時
		大気環境	SOX、NOX等濃度比較	比較時／基準時
企業活動指標	環境保全活動	環境保全	事業活動時コスト 製品使用時コスト 商品輸送時コスト	円 円 円
		環境評価	評価ツール作成コスト 評価作業時間コスト	円 時間コスト
	環境状態	内部負担環境ロス	中間投入環境ロス	円
		外部負担環境ロス	最終需要環境ロス	円
	廃棄物処理活動	環境保全コスト 廃棄原材料コスト 廃棄資本コスト 廃棄労働力コスト	排出物処理、公害防止	円 円 円 円

出所：各種資料をもとに大阪湾ベイエリア地域構造研究会が作成

②産業の事業展開

　企業の新エネ、省エネ等の事業立上げ、設備導入に必要な資金を、補助金や融資などにより支援することで、設備投資関連の需要が生まれる。更に、新たな技術開発や事業立ち上げは、企業の活動領域を広げることとなる。新たな技術開発や事業立ち上げにより、拡大した事業領域は一時的なものではなく、継続的な企業活動であり、継続的な需要がもたらされることとなる。

（２）環境に配慮した街づくりへの波及・課題

　こうした継続的な事業の展開、継続的なCO_2の削減など、第2段階の効果が広がっていくことが、市内外の企業、消費者などのなかで、「尼崎市は環境に積極的に取り組んでいる」という評価、認識を高めていくこととなる。評価、認識の高まりは、環境意識の高い企業、消費者を外部から呼び込んだり、市外への流出を防いだりすることに寄与する。

　環境に配慮した事業活動の促進と共に、「尼崎市は環境に積極的に取り組んでいる」という評価、認識の高まりを活かしていく街づくりも重要となる。例えば、以下のような取組みが進んでいるが、AGNDへの関心・成果の高まりに伴い、環境に配慮した街づくりが更に活発化していくものと見込まれる。

①快適で暮らしやすい低炭素型まちづくりの推進

　尼崎市は交通網の利便性を反映してマンションや商業施設等の建設需要が高いことから、住宅・建築物の建設の際には環境配慮型の機能を取り入れていくことが目指されている。現在、JR尼崎駅前のあまがさき緑遊新都心におけるマンション開発においては、再生可能エネルギーと高効率分散電源による熱利用システムを導入した都心型集合住宅の建設が進められているが、こうした再生可能エネルギーを最大限に活用する一方、消費エネルギー量を最小限に抑え、最適な電力の需給バランスを実現するスマートコミュニティの構築が低炭素型まちづくりの一端となる。

　また、ほぼ全域が市街化されている尼崎市においては、良好な水環境やみど

りを保っていく努力がなされているが、CO_2吸収源としての温暖化対策上の効果に加え、景観の向上、まちの潤い、また、生物多様性の保全等の観点からも有効である。

②コンパクトな市域を最大限活かしたモビリティマネジメント

尼崎市は市域が全体的に平坦であり、産業・商業・住宅・都市機能がコンパクトに集積し、市バスといった公共交通機関も充実していることから、自転車利用も含め人々が移動しやすいという特徴を有している。こういったメリットを一層高めるよう、公共交通機関の利用促進や自転車の活用、徒歩移動の勧奨などのモビリティマネジメントが推進されている。あわせて電気自動車といった次世代自動車やカーシェアリングを普及させ、これらを有機的に連携させることで、低炭素で快適な市内移動を実現することが目指されている。

尼崎市には、「ECO未来都市・尼崎」宣言を掲げる産業界、多様なカリキュラムを持つ人材育成機関、融資や研究拠点確保等でサポートする機関など、産業・環境を新たな活力とする様々な主体が存在する。AGNDを支点として、様々な主体が連携を一段と高め、環境保全の「需要」と「供給」の歯車を回していくことが、地域経済の発展、持続可能なまちづくりに大きく寄与していくこととなろう。

本原稿は、大阪湾ベイエリア地域構造研究会、尼崎版グリーンニューディール政策効果分析研究会（共に座長：加藤恵正）の研究成果に基づいている。

［注］
（1）数値上、不動産の域内生産額がもっとも大きいが、帰属家賃（家賃の受払いを伴わない持ち家についても借家と同じようなサービスを生み出していると評価して計算したものであり、実際には取引が行われていない家賃）が全体の約8割を占めるため、比較対象からは除外した。

Column ①
ECO未来都市を目指して
——NPO尼崎21世紀の森の取組みと提言

阿部　利雄
尼崎21世紀の森づくり協議会委員
特定非営利活動法人尼崎21世紀の森　理事

「ECO未来都市・尼崎」、「産業と環境が共生するスマートコミュニティ」。
　2013（平成25）年に環境モデル都市に選定された尼崎にふさわしいキャッチフレーズである。しかしながら、2011（平成23）年の「ECO未来都市・尼崎」宣言からすでに2年を経過したにもかかわらず、その中身となると一体何をどうするのか、具体的なイメージはいまだはっきりとしていない。
　かつて日本の経済を支えた阪神工業地帯。その中核をなす尼崎臨海地域は、その代償として環境問題が深刻化し、さらには産業構造の変化とともに、その活力も失われてきた。
　環境状況はかなり改善されてきているが、まちとしての活気を取り戻すまでには至っていない。このような状況を踏まえ、臨海地域を魅力と活力あるまちに再生するため、「森と水と人が共生する環境創造のまち」をめざした「尼崎

図1　21世紀の森構想　区域図

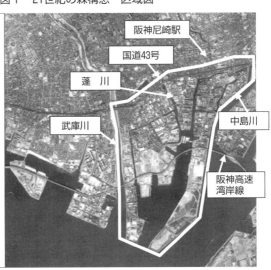

・国道43号以南の地域（約1,000ha）において、「環境共生型のまちづくり」をめざす都市再生プロジェクト

・尼崎にとどまらず、大阪湾ベイエリア全体の再生、そして瀬戸内から全国、世界へ。

21世紀の森構想」が2002（平成14）年3月に兵庫県により策定された。

　さらに、この構想を実現するため、市民、企業、各種団体、学識者、行政からなる「尼崎21世紀の森づくり協議会」が同年8月に設置されて活動を進めてきた。「ECO未来都市・尼崎」の取組み・展開については、この「尼崎21世紀の森構想」に包含される産業及びまちの活性化の取組みが参考になると考えて、ここでは協議会の活動の考え方、活動状況を以下に紹介したい。

　森構想の対象区域は、国道43号以南の約1,000haで、ほぼ全域が運河に囲まれたゼロメートル地帯の現役の工場地帯であり、居住者も少なく、企業の従業員以外訪れる市民も少なくなじみのない地域である。尼崎市全域が対象である「ECO未来都市・尼崎」とは、対象範囲が異なるが、考え方は変わらない。「尼崎21世紀の森構想」では、市民に関心を持ってもらうためには、良好な地域イメージの創出が必要で、対象地域の住民ともいえる企業のイメージ改善と、市民が知らない地域資源をPRする仕掛けづくり等が重要であると考えられた。一方、この森構想に関しては、当初から「森づくり」の言葉に影響され、木を植える単なる森づくりとみなされがちで、まちづくりのイメージを説明することが難しかった。したがって、市民（企業を含む）がこの森構想を理解し、積極的に参画・協働してもらうためには、具体的なまちのイメージを示すとともに、対象地域を市民に訪れてもらい、知ってもらうことが必要だと考えた。そのために、協議会では魅力あるイベントを開催するとともに、未来都市としての提案をしてきた。

　まず、対象地域の資源として、運河が縦横に走っていることから、市民が楽しめる水辺の遊び空間の演出として、運河クルージングおよび「うんぱく！〜尼崎運河博覧会〜」を開催した。各種舟遊び、音楽ステージ、企業・各種団体の環境活動、飲食等で、毎年1回限りだが1,000人を超える人が来場し、運河の楽しさを知ってもらっている。また、企業のイメージ改善をはかる目的で、エコな会社と子どもたちが交流する「エコキッズメッセ」を開催している。参加企業は、対象地域に限らず、毎年15〜20社・団体が出展して、子どもたちに

写真1　うんぱく！〜尼崎運河博覧会　　写真2　エコキッズメッセ

分りやすい内容で、600〜800人が来場し、結果的に付き添いの大人にも好評である。

次に、目的とする地域の具体的イメージとして、協議会の産業部会を中心に地元企業と協働して、拠点地区である中央緑地について、未来テクノロジーを駆使したエコ・エネルギーパークとして、自然エネルギーと共生した21世紀社会の実験場とすることを提唱した（図2、2004（平成16）年）。特に、ゼロエミッションのクリーンエネルギーとして水素の積極利用と燃料電池、コージェネレーション、太陽光、風力、バイオマス発電等分散型電力を組み合わせたマイクログリッド（分散型電源を組み合わせ、既存の大規模電力系統から独立して、運転可能なオンサイト型の小規模電力供給ネットワークシステム）を実現することで、従来の集中型大規模電力に頼らない環境にやさしい未来都市型のエネルギーシステムの可能性を提案した。

一例をあげるとその実験場では、水素燃料電池で動く自動車やボート、ソー

図2　環境共生型のまちづくりモデル（協議会の提案）

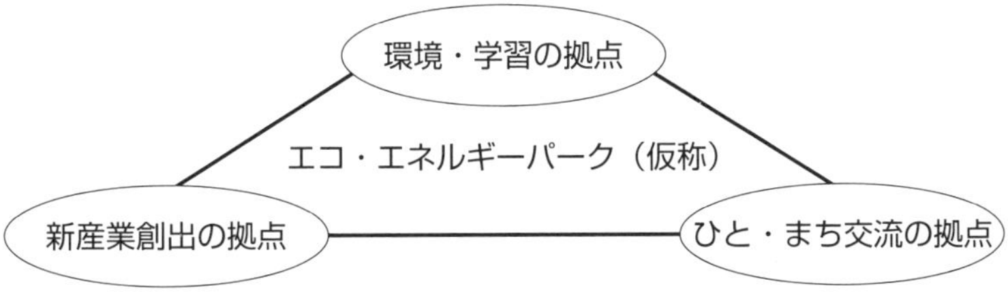

```
           環境・学習の拠点
                 │
         エコ・エネルギーパーク（仮称）
        /                        \
新産業創出の拠点 ──────── ひと・まち交流の拠点
```

環境・学習の拠点	・地域が育てる森、地域を育てる森づくり ・生物多様性、保全の場と自然学習 ・健康・文化増進の場 ・美しい自然環境の創出
ひと・まち交流の拠点	・人と自然のふれあい空間 ・匠の町 ・文化・交流の空間 ・避難・防災活動拠点 ・環境と新エネルギー学習の場
新産業創出の拠点	・新エネルギー関連の企業誘致 ・水素・熱利用の産学共同体の創出 ・水素経済社会のモデル地域 ・新エネルギー関連のセミナーやOJTの場作り ・世界と日本を結ぶ、情報の受発信地 ・新エネルギー研究所（ネットワーク型）

ラー充電で走行する車椅子・公園作業車、湾内を横断するソーラーボートさらには、それらのエネルギーを供給できるエネルギー（水素ガス充塡、充電）ステーション等を設置する。

　これらの提案は今から10年ほど前に発表し、その時点ではまさにドリームプランで、クリアすべき技術課題は多かったが、この尼崎市には、水素を製造する企業が複数あり、これらのエネルギー関連技術をもつ企業も多くあり、これらの企業の協働ができれば、実現の可能性は高いものと考えられた。まさに、「ECO未来都市・尼崎」の先取りであったといえよう。

　しかも、近年の技術開発の進展は目覚ましく、実現の時期は近付いていると思われ、一例を挙げると、数年前までは、製造コストが1億円以上した水素燃料電池自動車は、現在、500万円強にまでなってきている。「スマートコミュニティ」については、すでに多くの都市で取り組まれており、「ECO未来都市・尼崎」の宣言をした尼崎市も早急に技術の進展を見極め、具体的な目標イメージを策定し、実現に導くための体制づくりをする段階にきているのではないだろうか。

　すでに、神戸市の下水処理場、さらには開業したばかりの「あべのハルカス」等バイオガス発電がスタートしている。現状の尼崎は、他都市に比較して、かなり遅れていると思われ、追いつき・追い越すために、まず一歩踏み出すことが必要ではないだろうか。

［参考文献］
　元気UP！関西　No.62（2008.3）、p1～p4、水素エネルギー特集
　朝日新聞2014年3月6日朝刊記事、p6「バイオガス発電各地で」

Column ②
『あまがさきエコプロダクツグランプリ』

尼崎市　経済環境局　環境部　環境創造課

　尼崎市内で製造されるエコプロダクツ（環境負荷低減に寄与するすぐれた製品）を発掘し、表彰することを通じて、尼崎のものづくりの環境への貢献を広報するとともに、環境関連製造業の育成・活性化を支援することを目的として、「あまがさきエコプロダクツグランプリ」を2011（平成23）年度から実施している。

　実施に際しては、「ECO未来都市・尼崎」共同宣言を行った5団体の協力も得て、市内で製造している製品もしくは市内に本社を置く事業者が製造した製品を募集し、毎年10件以上の応募を受けている。

　受賞製品の選定には、本市と包括連携協定を結ぶ大阪大学大学院や尼崎市産学公ネットワーク協議会メンバーの産業技術短期大学の教授、地域の加工技術の向上に努める一般財団法人近畿高エネルギー加工技術研究所の研究員など、本市に関わりの深い学識経験者等が参加するなど、産学官が連携した、尼崎市の環境関連製造業の育成・活性化の取組となっている。

　選定基準は、低炭素化などの環境負荷低減、市場性、独創性の3項目について総合的に評価し、グランプリをはじめとする各賞を選定しているところである。

　受賞製品は、市ホームページや市報で広報するほか、毎年秋に開催される『あまがさき産業フェア』の特設ブースで展示し、本市の環境関連産業の製品力、技術力を市内外に広報している。

　過去3回の受賞製品は次のとおりである。

第1回あまがさきエコプロダクツグランプリ結果
〈グランプリ〉
・太陽電池向け高純度金属セレン材料（CIS太陽電池の原料の一つである金属セレン材料）／新興化学工業株式会社

【選定理由】
主用途が太陽電池の材料であり、今後の自然エネルギー拡大への貢献が期待されることと、国内最高レベルの高純度金属セレンの生産技術を高く評価しました。

〈準グランプリ〉
・CABRUS（低燃費タイヤの添加剤）／ダイソー株式会社
〈特別賞〉
・ウォールウェッター（簡易な構造の伝熱促進装置）／関西化学機械製作株式会社

第2回あまがさきエコプロダクツグランプリ結果
〈グランプリ〉
・アルミ箔エコキューオン（道路・鉄道向け防音壁、工場の外周・機械騒音の吸遮音材）／神鋼建材工業株式会社

【選定理由】
従来のグラスウール等の繊維系吸音材料を使用せず、高度な技術に裏付けられた新しい吸遮音方式を開発し、金属部材のみで実現することで、製造時の二酸化炭素排出量を抑えるとともに全量をリサイクル可能とし、低炭素化、省資源化等の環境負荷低減に貢献していることを評価しました。

〈準グランプリ〉
・酵素法による連続バイオディーゼル製造装置（酵素法により植物性油脂からバイオディーゼル燃料を連続的に生産する装置）／Bio-energy株式会社
・ファインガード3（防汚・耐久性に優れたプレコートステンレス製品）／月星アート工業株式会社
〈特別賞〉
・基板型AC-DCスイッチング電源 OZP-350シリーズ（産業用ロボット半導体製造装置、印刷機、LED照明、ディスプレイ、モーターローラ、計測機器、医療機器などの電源装置）／株式会社ニプロン

第3回あまがさきエコプロダクツグランプリ結果

〈グランプリ〉
・アトッチ（現場施工型後付け Low-E ガラス）／ AGC グラスプロダクツ株式会社

【選定理由】
ビルの窓ガラスのペアガラス化において、高い施工技術により可能となった、既設ガラスに Low-E ガラスを現場施工で後付けするという工法は、従来工法に比べ、大幅な工期短縮と低コスト化を可能にしました。製品使用による空調エネルギー使用量の削減はもちろん、既設材の廃棄抑制にもつながるエコ度の高い製品であることなどを評価しました。

〈準グランプリ〉
・100年コンバータ（超高効率＆超長寿命型 DC-DC コンバータ）／株式会社ニプロン

〈特別賞〉
・GENEX（長寿命、コスト縮減、施工性を向上させた水道用鋳鉄管）／株式会社クボタ
・ROCK-CUTTER（耐摩耗性と耐衝撃性という相反する性能を有するハイブリッド型高性能工業用刃物）／新日本溶業株式会社

今後は、広報の場をさらに広め、環境産業総合見本市等に出展し、本市の環境関連産業の認知度を上げるとともに、ビジネスマッチングを進めることで、本市の環境関連産業を活性化し、「環境と産業の共生」の実現に取り組む。

尼崎の動き

Ⅶ 尼崎の歴史と産業の変遷

中村　昇
尼崎商工会議所　専務理事

はじめに

　私は今、尼崎商工会議所に身をおいている。就任したのは2011（平成23）年11月で、ちょうど尼崎商工会議所が100周年の節目を迎えた年だった。100周年の記念事業を展開している中で、改めて商工会議所の100年の歩みを見る機会を得たが、そのたどってきた道は、まさに尼崎市の近現代史と重なっている。

　尼崎商工会議所は、100周年を次の100年へのスタートの年と位置付けた。「企業と人が活きづくまちは美しい」を目指して、あらたなる産業都市を築いていく決意を内外に示して、すでに次世代への挑戦を始めている。

　尼崎市は市制100周年を2016（平成28）年に迎える。この時を前に、尼崎市政にも身を置いてきた一人の市民として、産業の視点からその歩みを私なりに顧みて、次の取組みへの一助になればと考えている。

1　古代から中世

　この地域に人が住んで、生きるための営みをはじめたのはいつのことだろうか。その時点では産業といえるものではないにしても、産業が興る必要がある原点は、人がいること。地形や気候などの自然環境は、まずは人が住むための必須要件であり、尼崎市域について簡単にみておくこととしたい。

　現在の行政区域は兵庫県の東南端。地形は、南側は大阪湾に面し、東は猪名川、西は武庫川に囲まれ大阪湾の沿岸流や猪名川、武庫川の両水系が運ぶ土砂

が堆積してできた平野。6千年前までの縄文時代は、現在の尼崎市域の大半は海の底だった。そのころは平均気温で約2度、海水面では3～5mも高く、その後地球的規模での気候寒冷化の影響で、極地での氷床が拡大して、海水面が海側に後退していき徐々に平野が形成されていったといわれている。

尼崎に人々が暮らし始めるのは、今から2千数百年前の弥生時代のこと。現在の阪急神戸線からJR東海道線あたりまで海岸線が南下してきたので、人が暮らすようになった。市域内では、弥生時代の石棺や人骨が出土した田能地区に当時の貴重な遺跡が保存されている（尼崎市立田能資料館）。

その後4世紀から5世紀末の古墳が市域でも確認されている。7世紀中ごろには、猪名寺の寺院が建てられていて、東大寺の所領として猪名荘の地図（摂津職河辺郡猪名所地図）が残されている。

784年に長岡京の造営が始まって間もなく、淀川と三国川（神崎川）とを現在の江口付近でつなぐ工事が行われて、794年には現在の神崎川ができた。これによって、神崎川が都と西日本とを結ぶ河川交通の主要水路となり、その河口の川尻地域が瀬戸内海航路の発着点として重要な地位を占めることになる。神崎は、神崎川と猪名川・藻川との合流点に船舶や人の往来が増加して賑やかな宿場町が形成されて多数の遊女や白拍子が集まっていた様子が大江匡房の「遊女記」に記されている。また、その川尻にある大物の浜には、1185年には源義経一行が頼朝から逃れて船出する話があり、すでに港湾集落を形成していたことがうかがえる。

尼崎が最初ににぎわうまちとなったのは、やはり交通の要衝としてのインフラ整備がきっかけだったといえる。

2　近世

天下が豊臣から徳川時代に移って、大坂城の守りと西国方面を抑える重要な拠点として譜代大名の戸田氏鉄に命じて築かせたのが尼崎城。その城下町が今日の尼崎につながる。戸田氏は5万石の大名で摂津の国川辺、武庫、菟原、八部の4郡内を領有し、東は神崎村（現在尼崎市域）から西は八部郡西須磨村

(現在神戸市域)までの海岸線一帯が尼崎藩領だった。

初代城主の戸田氏鉄が岐阜大垣へ移ったあと、青山氏が4代続けて城主となり、そのあと、松平家が配置されて幕末まで7代の藩主が城を治めた。

天下の台所大坂に隣接していた立地の好条件から、綿作、菜種(灯油)、米(酒造用、商品向け)など農業は商品経済化していた。綿作が盛んだったことは後の紡績業の勃興にもつながっていくことになるが、商業や生魚問屋など海上交通と中国街道や西国街道などの陸上交通を生かして、経済成長著しい時期であった。どちらかと言えば商業都市として繁栄した地域と言える。

幕末期には、それまでの徳川幕府の譜代大名の立場から、維新政府側との関係は微妙になるが、結局鳥羽伏見の戦いには加わらず、朝廷に帰順して維新政府の版籍奉還、廃藩置県の方針に従い、その後、新政府から出される廃城例によって、尼崎城はいち早く取り壊され、跡地の大部分と建物・部材などは民間に払いさげられ、明治期の産業用に活用されていくことになる。

3　明治期以降──近代産業の勃興

尼崎藩を中心にして繁栄してきた尼崎のまちは、幕藩体制の崩壊とともにまず、禄高をうしなった旧士族層が経済的に没落していくことになり、農村地域は地租改正などで、期待とは裏腹に地価・地租は厳しい措置になったために、却って小作農業が増えて地主への土地集積を促進する結果となり、近代地主制につながっていくことになった。

地租改正が始まった1873(明治6)年に就任した大隈重信は大蔵卿として国家財政政策に取組み、地租改正による財政基盤の確保と近代的貨幣・金融制度の確立に加えて、政府の積極的な資金供給による殖産興業を重視するものであった。しかし、大量の紙幣発行と西南戦争への軍事支出がかさみ、1877(明治10)年以降は国家財政の悪化と激しいインフレーションを招くことになった。

そのあと就任した松方正義は徹底的な緊縮財政策をとり、加えて1882(明治15)年に欧米に起こった恐慌が日本にも波及し、併せて戦争を想定した軍備拡張を推進するための増税をおこなったため、1884(明治17)年以降はインフレ

から一転してデフレーションが発生して経済的苦境は一気に深まっていった。尼崎でもこの急激な経済変動で、旧尼崎藩士族層の経済的没落は決定的なものとなり、明治初年代の「秩禄処分」で渡された金禄公債を売り払い、貧困化した住民が失った宅地が、一部富裕層のもとに蓄積されて大規模な宅地地主が出現していく。農村部も同様に、中・下層農民が土地を失い、小作農化する一方で農地の所有が一部の最上層農民や商業資本・高利貸資本に集中し、都市の商人などが在村する上層農民を名代として小作経営を管理させる不在地主経営が広がる結果となっていく。

　激しいデフレ不況のあと、紙幣整理が進んだ結果1877（明治10）年末には、物価が下落して通貨が安定し、やがて為替相場が円安となり輸出が伸びて景気が好転し、日本銀行の低金利政策による豊富な資金供給のもとで、全国で鉄道・紡績・鉱山業などを中心に起業ブームが起こっていく。そして、経済変動を通じて形成された膨大な失業・半失業状態の貧困層があらたに起こる産業への主要な労働力供給源となっていく。

（1）企業の勃興

　尼崎町でも、金融、鉄道、マッチ、紡績など新しい企業が勃興して活況を呈していくようになる。マッチなどは、火薬を扱うことのできた旧士族層が何とか事業を起こして生活の道を開こうとして取り組んだものである。

　尼崎がいち早く近代化していく要因は、やはり地理的優位性があったからだと考えられる。例えば運輸、通信網の整備を見てみるとそのことが分かる。明治政府は近代化施策の一環として国内郵便網の整備に着手し、中国街道の宿駅であった尼崎には、西宮・伊丹・兵庫・明石とともに郵便取扱所が設置された。各取扱所の郵便業務を担当する「郵便継立方」には大商人や地主、町役人などが任命された。そうしたメンバーの中から、尼崎陸運会社を設立するものが現れ、江戸時代の飛脚業務を引き継ぎ、やがて郵便業務に合わせて陸運業務の両方を束ねて運輸通信を担っていった。1875（明治8）年には、「尼ケ崎郵便取扱所」は「尼崎郵便局」となった。阪神間の電信線が架設されたのは、

1871（明治4）年からはじまった大阪、神戸間の官設鉄道建設と同時に線路沿いに電信線工事がおこなわれた。1883（明治16）年9月に神崎停車場の電信分局が開局されると、尼崎地域からも電信を打つことができるようになり、民間利用も可能になっていき、1893（明治26）年には尼崎郵便局が郵便電信局となり、電信扱いを開始している。

　日本では、東京・横浜間に次ぐ2番目の鉄道路線が、1874（明治7）年5月に大阪・神戸間に開通した。この路線は大阪・神戸を最短で結ぶことを主目的にしたため、人口の多い旧城下の市街地でなく、北数km離れた農村地帯を通過するものであったが、鉄道開通の翌年には神埼駅（現在のJR尼崎駅）が設置された。「鉄道唱歌」60番には、「大阪いでて右左　菜種ならざる畑もなし　神崎川のながれのみ　浅黄にゆくぞ美しき」と唄われた。

　ただ、官設鉄道は尼崎町の中心から約2km北を走っていたため、尼崎と伊丹の資産家が共同で川辺馬車鉄道を計画し1891（明治24）年に開通させている。その後の福知山線につながっていることをみれば、先見の明があると同時に民間の力で交通網を自ら整備していく気概に驚かされる。こうした鉄道網の広がりが、その後の尼崎の産業発展を支えていくことになる。

（2）紡績関連産業

　そのような中で、江戸時代から良質な綿の産地であったことから、尼崎町と大阪の資本家たちによって設立計画が進められて、1889（明治22）年6月に設立が認可されて始まったのが、尼崎紡績である。旧城下の辰巳町に尼崎紡績が設立されるが、尼崎地域における大規模な製造工場の立地を誘引し工業中心のまちに変貌していくきっかけとなったと言える。当初は尼崎周辺に産する「阪上綿」を利用して紡績加工することを目論んでいたが、生産性の高い最新式の紡績機械を採用したため、結局地元産の「阪上綿」はこの機械に適さず、原料糸は安価で最新鋭機械に適したインドや中国産が用いられている。しかし、このことが当時の紡績産業のなかで、かえって他の企業と製品を差別化することになり尼崎紡績は市場における地位を確立していくことにつながった。これも

先見的経営判断だったと言えるが、尼崎紡績の成功は、それまで輸入に頼っていた紡績機械重要部品を、独自に開発し製造する企業が尼崎町に現れるなど、関連企業も裾野をひろげていくことにつながっている。

（3）水産加工業と醤油醸造

　近世尼崎町を代表する産業に魚市場・魚問屋、大物町の醤油醸造がある。近世に瀬戸内一帯の魚を集散して、京都・大阪へ出荷して繁盛していたのが、中在家町の魚市場・魚問屋であったが、明治に入って漁船が直接大阪へ入港するようになったことや、鉄道網の発達にともなって次第に魚の輸送が鉄道によって直接京都・大阪に運ばれるようになったことから、その地位が低下していった。運輸、流通手段が海運・船運から鉄道へと変化していく中で、交通の要衝、拠点として築いた優位性が失われたために衰退化していく一例であった。しかし、そのことは逆に新しい産業を生み出すことにもつながっていく。今日の分類でいえば水産加工業であるが、鮮魚そのものの流通から脱して、付加価値をたかめて市場に出すために魚類を材料にして食品化した「かまぼこ」や「てんぷら」である。尼崎の「てんぷら」は衣をつけて油で揚げるのではなく、魚のすり身を油で揚げた「白てん」や「エビてん」と呼ばれる独特のもので尼崎名物の一つであった。今もこの製造法を守り続けている名店が残っている。

　また、大物町、築地町、中在家町などで行われていた醤油醸造業は明治に入ると同業組合をつくって生産をのばしていく。尼崎でつくられる醤油はアルコール含有量が高く、香味が豊かな「生揚げ醤油」として知られた名産であった。現在は委託生産で復活させた「尼の生醤油」が販売されているのみで尼崎からは醤油醸造業はなくなっている。

（4）南部地域の工業化

　明治の後半（日露戦争）から大正期（第1次世界戦争）にかけて尼崎の南部地域は（尼崎町、小田村、大庄村南部）は日本資本主義を支える近代工業都市

へと変貌をとげていく。

その過程で、大半が農村地帯であった市域内の村々にも徐々に都市化の波が押し寄せてくるようになる。尼崎紡績が設立後順調に業績を伸ばして、やがて、全国規模企業に成長していき、さらに臨海部を中心に硝子、電線、セメント、油脂など財閥系や外国資本の企業が進出して工業地帯を形成していった。産業都市に不可欠なインフラ整備も阪神電鉄の開通や町、村による道路・橋梁工事の進展、電鉄会社による電力供給、ガス会社による都市ガス供給が始まったほか、先述の郵便、電信、電話も急速に整備活用が図られて生産活動を支える都市基盤が整えられていった。1916（大正5）年に尼崎町と隣村の一部が合併して「尼崎市」が誕生するのは、こうした工業立地による都市化の進展を背景としていたものであるが、尼崎市制が施行されると、懸案であった上水道の敷設にも着手するなど生活面でのインフラ整備が進められていくことになる。

4 大正期の工業化の進展

また、工業化の進展に伴い、1911（明治44）年には尼崎工業者共和会が設立され、大正5年には商業・金融を加えた尼崎商工共和会に改組されて、現在の尼崎商工会議所の先がけとなる経済団体が生まれている。

日本で最初の商工会議所設立は1878（明治11）年3月で、外国を視察して先進国の制度を取り入れる必要があったことと、当時の明治新政府が、外国との不平等条約改正には、世論形成が必要であったことから、当時すでにあった「東京会議所」の渋沢栄一に働きかけて、商法会議所を設立させたのが最初。政府からの補助金を受けて運営を開始した。その半年後の9月には、大阪でも五代友厚らを中心に、政府の勧奨を受けて設立した。兵庫でも10月には兵庫商法会議所を長田区に設立している。

しかし、尼崎の場合は、会社、工場が集まった任意団体である「尼崎工業者共和会」を母体として、以後商業者を含めた商工共和会を経て、自らの意志で参画する人々によって商工会議所が組織されていった経緯がある。それが、1911（明治44）年のことで、これを起点として尼崎商工会議所は、2011（平成

23）年に100周年を迎えている。「尼崎工業者共和会」は法律によらないまったくの任意の団体でスタートしたあと、1913（大正2）年の総会で、工場の職員、労働者とその家族のために、共同診療所を設立する計画が提案されて、中心となった5社が協力して、現実にその年の8月には開院させて工場労働者の福祉増進に貢献している。このようにその活動は、自主性と積極性に富んだものであったと評価できる。

（1）金融機関の設立

1914（大正3）年7月にヨーロッパでおこった第1次世界大戦によって、日本の産業界には交戦国から軍需品の注文が増えて日本の輸出産業は好景気を迎える。尼崎でも既設工場の拡張増産が行われると同時に、財閥系の企業が進出して工場が相次いで建設されていった。しかし、1920（大正9）年には大戦景気の反動である戦後恐慌がおこり、工場閉鎖や操業短縮が多発するようになった。不況に苦しむ中小商工業者にとって低利資金の獲得が課題になった1921（大正10）年には、地元零細資金の融資をかかげて、尼崎信用組合が設立される。地元資本で設立された尼崎協立銀行が藤田銀行の系列化に入るなど、市内の金融機関が地元色を薄める中で、逆に地元密着の金融事業を展開する金融機関を設立するなど、常に自力で何とかしていく気概がこの地域には備わっていた。尼崎信用組合はその後、尼崎信用金庫として今日に至っている。

（2）「大正期の産業構造」

臨海部を中心にした工場進出によって、尼崎市や小田村、大庄村南部には労働者など大量の流入人口があり、1920（大正9）年の国勢調査報告では、就業者比率でみると、尼崎市は農林水産がわずか5.3％で鉱工業が58.4％、商業・交通・その他が36.3％。小田村は、農林水産が13.3％、鉱工業が70.0％、商業・交通・その他が16.7％となっている。逆に北部の立花村、武庫村、園田村ではこの時期まだ、農林水産従事者が70％台を占めていた。工業化していく段

階で尼崎地域に流入してきた住民は、当初は大阪府、河辺郡・武庫郡など近辺からの人が高い比率を示していたが、次第に流入者の大半が九州地方や四国・中国・北陸などの遠隔地出身者で占められていくようになり、中でも鹿児島県出身者の比率が高く、1923（大正12）年の兵庫県調査によると尼崎市内で働く工場労働者のおよそ5人に1人にのぼっていたという。

（3）尼崎の都市整備

　日本の都市化が進展する中で、1919（大正8）年4月に我が国初の都市計画の基本法として「都市計画法」がまた、同年には、現在の建築基準法の根拠である「市街地建築物法」が制定された。尼崎の都市計画は、この都市計画法に基づいて1923（大正12）年には適用都市として法の指定を受けて進められていくことになるが、全国の中でもいち早く1924（大正13）年に現在の尼崎市域に重なる当時の1市5村（尼崎市、小田村、大庄村、立花村、武庫村、園田村）を都市計画区域として定めるという設定がされており、今から見れば合併は都市計画上からは必然であったように思える。これによって、街路計画や土地利用上の用途地域が設定されていき、主に南部地域は工業地帯化し、北部は住宅地化していく方向が定められていった。尼崎ではとりわけ土地区画整理事業が早くから取り組まれて、道路整備と住宅地の提供に寄与したが、このことは都市化の進展に貢献するとともに、尼崎市が阪神工業地帯の中核を担うことにもつながっていくことになる。

5　昭和前期の都市化と重化学工業化の進展

　大阪・神戸間を結ぶ阪神国道（現在の国道2号）が1925（昭和元）年12月25日に開通し、その沿道にはやがて住宅開発や耕地整理が行われて新たな市街地が形成されていくことになる。特に大阪で厳しく規制されたダンスホールが国道沿いに進出して賑わいをつくり、旧城下町や旧街道筋にあった東本町・西本町の「本町通り商店街」は繁栄を極め、年末の大売出しになると阪神間一円か

ら買い物に訪れたといわれている。また、この時期には近代的な消費生活が広がっていったこともあり、この消費需要を支える新たな新興商店街のひとつが国道２号沿いに広がる杭瀬の商業集積地の商店街であった。人口増加と急激に進む市街地化によって尼崎の商業集積地は形成されていったのである。

　昭和恐慌の影響で昭和５〜６年に尼崎市の工業生産額は落ち込むが、その後の日本経済の景気回復とともに上昇に転じ、さらに増大していく中で新たな企業の創設や工場進出が相次いで起った。同時にこの時期の尼崎産業は、戦時下での軍需産業の役割を担っていくこととなる。この過程での尼崎工業の特徴は、鉄鋼業の発展、大庄村への大工場の進出、臨海部への火力発電所の集中立地などであった。この結果尼崎地域は、重化学工業に特化した工業都市としての地位を確立したが、今に至る尼崎市の都市の性格を決定づけたのはこの時期といえる。また、重化学化が進むにしたがって公害問題も発生し、とりわけ降下煤塵や二酸化硫黄による煤煙被害がひどくなるとともに、1935（昭和10）年ごろには地盤沈下が顕在化しまた工場排水による庄下川や神崎川の汚染も深刻化していった。

　農村から市街地化した都市化への進展は、人口の急激な増加からも窺い知れる。1930（昭和５）年当時の尼崎市の人口は５万人で、１市５村を合わせた現在の市域人口は当時で12万人であった。これが、1940（昭和15）年の国勢調査結果によると274,516人と10年間で２倍に膨れ上がっていたのである。尼崎市は1936（昭和11）年には小田村と解消合併して全国で31位の人口となり、さらに戦時下の1942（昭和17）年には大庄村・立花村・武庫村と合併して人口28万人余りで全国11位の大きな都市となっており、1943（昭和18）年には戦前最大人口33万5,000人を記録している。

　戦況が悪化していく中で、尼崎市域も空襲に見舞われるようになり大きな被害を受け、「尼崎市昭和20年事務報告書」によると園田村を除く当時の戦災被害として、死者479人、負傷者709人、罹災者合計４万2,094人、罹災地域は529万㎡（うち工業地域は422万㎡）となっている。

6　戦後復興による産業都市への道

　戦時の軍需生産を担ってきた尼崎の製造業は敗戦によって急激に生産が落ち込む。戦後の尼崎の工業生産が1940（昭和15）年レベルに回復するのは、従業員数については、昭和20年代半ば、事業所数については、30年代以降の高度成長期になるが、製造品出荷額は1950（昭和25）年に始まる朝鮮戦争特需後には戦前レベルを回復し、以後急激に伸びている。

　業種別で比較的回復が早かったのは、金属や食料品の分野である。これは、時の政府が戦後の経済復興策として「傾斜生産方式」を取ったことによる。石炭・鉄鋼などの基礎産業部門と食糧生産を日本経済復興の重点産業と定めて、これに対する復興金融金庫による資金の優先的配分や価格差補給金による赤字補てんなどを柱とする政策が、1947（昭和22）年から1948（昭和23）年にかけて実施されたことによる。もとより尼崎市内の事業所がいち早く生産再開・復興の努力をしたことがあってのことである。対照的だったのが、機械製造業で、戦時軍需生産で膨れ上がった機械製造業が敗戦とともに大幅に縮小され、その結果、鉄鋼を中心とする金属関連の分野が圧倒的比重を占めて地域経済を牽引していくことで、尼崎の製造業の特徴が形づくられていく。

表１　戦時期〜戦後復興期の工業の変化

	事業所数	従業員数（人）	製造品出荷額（百万円）
1940（昭和15）	776	35,780	381
1945（昭和20）	326	13,676	397
1950（昭和25）	431	41,434	44,487

（1）高度経済成長期

　1955（昭和30）年からドルショック直前の1970（昭和45）年にかけて、尼崎市の製造業は量的な面で大きな成長を遂げている。業種別では鉄鋼・非鉄金

表2　高度経済成長期の工業の変化

	事業所数	従業員数（人）	製造品出荷額等総額（百万円）
1955（昭和30）	722	48,344	111,948
1960（昭和35）	1,051	82,846	287,111
1965（昭和40）	1,031	95,182	450,342
1970（昭和45）	2,398	103,906	924,932

表3　高度経済成長期の小売業の変化

	事業所数	従業員数（人）	年間商品販売額（千万円）
1956（昭和31）	6,096	12,248	—
1960（昭和35）	6,612	18,000	1,896
1964（昭和39）	6,723	21,543	4,009
1968（昭和42）	9,130	31,259	9,970
1972（昭和47）	10,359	34,380	15,043

属・金属製品を合わせると常に製造品出荷額総額全体の40％以上を占めているが、それに次ぐのが、一般機械・電気機械・輸送機械などの機械工業で、1955（昭和30）年には鉄鋼・金属の4分の1規模であったものが、40年代には50％以上の規模まで成長していく。この時期には尼崎での鉄鋼産業はピークを過ぎて、それに代わるものが機械製造業であった。一方で、食料品等の生活消費財を生産する部門の比率がごくわずかであり、「鉄のまち」といわれた所以であるが、このことは、後に産業構造の転換を図る必要に迫られた時には、産業の多様性に欠ける構造が弱点となって現れる。

　高度経済成長期は日本の消費経済が急速に拡大した時期であったが、尼崎市域でも居住人口の増加と昼間就労人口の増大にともない消費人口が急増した時代であり、こうした経済動向を反映して尼崎の商業が大きく成長し繁栄した時代でもあった。南部地域だけでなく、次第に人口増加の大きい市域北部の年間販売額の伸びが顕著になっていった。また、特に高度経済成長期後半には、衣

食関係に比して耐久消費財を扱う店舗が増大し、さらには書籍・写真関係・玩具・娯楽用品といった多様な種類の店舗が増えていき経済成長や都市化の進展に伴う消費傾向の多様化が業種の変化をもたらしていく。スーパーや大規模店が出店してくるのもこの状況を反映しているが、一方では、地元が主体となって阪神尼崎駅高架工事に伴う商業施設の開設の際は、市や商工会議所、商店連盟等が委員会をつくって準備を進め株式会社方式の「尼専デパート」をオープンさせていることは、この時期まだ、地元資本での開設意欲の気概にあふれていたことの表れでもある。

商業とは逆に農業は大きく縮小を余儀なくされていくことになる。

この時期の農業をめぐる大きな変化としては、農作業への機械化の進展や化学肥料や農薬が普及していき、農作業の省力化につながり、また都市化の進展がもたらす生活環境の変化から現金収入の必要性が増して農家の兼業化を促進していった。そのことが都市部の農業の縮小をもたらす要因となっている。また、農地から宅地や工場用地への転用需要が高まると同時に、人口増加に伴う学校施設や公共施設、道路用地など公共への用地提供に迫られたことなどが農地の減少をもたらしていった。現在の市内農地は100haを残すのみとなっている。

表4　高度経済成長期の農業の変化

	農家数	農家人口（人）	耕地面積（ha）
1955（昭和30）	2,515	—	—
1960（昭和35）	2,330	13,253	857.99
1965（昭和40）	1,836	10,159	594.62
1970（昭和45）	1,441	7,484	429.81

農業と同様にかつては尼崎を代表する産業であった漁業は、昭和40年代には築地の漁師たちの東支部と、武庫川下流の丸島の渡船業者を中心とする西支部からなる尼崎漁業協同組合が存続していたが、1974（昭和49）年時点の組合員に限り漁を続けることを認めるという条件で、兵庫県が漁業権を買い取り組合は解散することになり、尼崎の名前の由来（地名の由来は漁民を意味するアマ

と先端を意味するサキの結合したものといわれている）ともなった尼崎の漁業は終焉を迎えることとなった。

（2）公害の発生と都市問題

　日本の高度経済成長期は、人々の生活が豊かになるにつれて各地で公害が多発する時代でもあった。尼崎でもすでに戦前から大気汚染や煤煙、地盤沈下、河川の汚濁などが発生していたが、高度成長期には事態が深刻化していき、大都市圏の中でも、尼崎は多様で深刻な被害が集中して発生した都市のひとつであった。

①地盤沈下
　大正期からすでに始まっていたが、その後多くの工場が立地して地下水をくみ上げたことによって、1年に10cm以上も沈下する事態となって、臨海部には海面ゼロメートル地帯が広がり台風による水害被害を大きくしてしまった。結局地盤沈下は、工業用水道整備と地下水くみ上げの規制によって次第に収束していくことになるが、臨海部では累積で最大2～3ｍの沈下があり、現在でも市域の3分の1がゼロメートル地帯のままである。

②水質汚濁
　工場排水などによる河川の水質汚濁も大正期からの深刻な問題となっていたが、尼崎では、地盤沈下によって蓬川・庄下川・大物川などが自然流下できなくなって、浄化作用が働かなくなったために汚染に拍車をかけることとなった。また、その後には消費生活の向上とあいまって家庭から排出される生活排水による汚濁も加わっていく。
　1970（昭和45）年には水質汚濁防止法が公布されるが、その対策が効果を挙げて水質改善が図られるようになるのは、石油危機後の新たな施策の実施と公共下水道の整備を待たねばならなかった。現在では水質汚濁の問題は解消されている。

③騒音・振動

　市内の住宅と工業が混在する地域では、工場等の騒音・振動が住民生活との軋轢を生じてくるようになり、騒音防止条例が1955（昭和30）年に施行されるが抜本的解決にはほど遠く、内陸部では次第に工場等の操業環境を維持できなくなって工場を移転せざるを得なくなる事例も出てきた。廃棄物処分場としての埋め立て地である東海岸町の土地利用計画では、市域内陸部の移転先用地としての位置づけが行われたほどである。しかし、現在でも住工混在地の解消は尼崎産業の抱える重大な都市問題のひとつである。ほかにも交通手段の進歩は、自動車・航空機・鉄道・新幹線などによる騒音・振動による数々の公害問題を生じさせてきており、対策が講じられて緩和されてきているが現在も続く課題となっている。

④大気汚染

　公害の中でも最も大きな問題となったのが大気汚染で、ぜんそく患者が多発するなど公害健康被害が集中する地域とし、小学校の教科書にも記載されたことから、全国にその名が行き渡ってしまっている。戦前から戦後の復興期にかけての大気汚染の主たる原因は工場から排出される降下煤塵で、石炭を燃焼させることによって発生する「黒いスモッグ」で、その後は燃料が石炭から重油に代わって二酸化硫黄（SOx）による「白いスモッグ」が公害の原因となった。さらにモータリゼーションの発達によって昭和40年代以降は、これに加えて幹線道路の自動車による窒素酸化物（NOx）などの公害被害が加わり、特に市域の南部では臨海部工場地帯からの固定発生源と国道43号や阪神高速道路を通る自動車からの移動発生源による大気汚染が重なる複合汚染となって、甚大な被害を生じさせる結果となった。

　尼崎の町は、公害を克服した今も、このときに植えつけられた公害都市という悪いイメージをいまだに払拭することができずに負の遺産として背負っている。その後の尼崎のたどった変遷をみると、企業や人口の市外流出など、この公害問題の発生は産業都市を維持していく上でも大きな阻害要因となったとい

える。

（3）産業構造の転換と都市の衰退

　それまで高度経済成長を続けてきた日本経済は、1971（昭和46）年のドルショックと1973（昭和48）年と1979（昭和54）年の2度にわたる石油危機によって産業構造の大きな転換を迫られることとなる。しかし、尼崎の産業は、特に中核であった製造業における重厚長大産業からの転換がうまく図られずに、産業活力が徐々に衰退化していくことになる。公害の発生と時期が重なったこともあって、企業の設備投資の合理化や生産拠点再配置などにうまく対応することができないまま、工場の市外流出とそれに伴う人口の市外移転、人口減による商業等の衰退をもたらすなど悪循環のサイクルにとらわれ、現在までその状況は続いているといえる。

　基礎素材型中心の重化学工業に特化していた尼崎の産業は、早くから操業していたこともあって生産設備が老朽化してきており、また、敷地面積の狭隘化などから企業内における尼崎の工場の位置づけが主力工場から相対的に低下してくるなど、全体的に縮小、廃止傾向が強まっていく。また、石油危機後の日本の産業構造転換を主導した自動車・電機といった軽薄短小型の加工組立型産業の集積が乏しかったことも転換が進まなかった一因となっている。さらに都

表5　石油危機以降の工業変化

	事業所数	従業員数（人）	製造品出荷額等総額（億円）
1975（昭和50）	2,816	13,178	83,161
1980（昭和55）	2,921	18,150	71,355
1985（昭和60）	2,884	19,209	67,454
1990（平成2）	2,814	21,077	64,540
1995（平成7）	2,541	18,321	58,516
2000（平成12）	2,108	15,893	44,608

市化の進展に伴う工場操業環境の悪化が深刻化するとともに都市部であるため地価が高水準にあり、まとまった面積の事業適地に乏しく市内での用地確保など市内での建て替えや移転がうまく進まなかったことが停滞に拍車をかけている。

　その根底には、一地方自治体の行政的取組みでは解決できない国の基本的な国土政策の問題があったことを見落とすことはできないと考えている。尼崎市のまちづくりの基本方針である総合基本計画ではその都市像を「人間性豊かな職住都市」と掲げていた。しかし、国は過密化する大都市圏における都市問題を解決するために、大都市圏整備にかかる整備法をつくり近畿地方では「近畿圏整備法」が制定されて「既成都市区域」を指定、人口と産業の過度の集中を防止し、かつ都市の機能の維持及び増進を図る措置がとられることとなった。

　尼崎市域では、阪急神戸線以南の市域が「既成都市区域」に政令で指定されており現在もそのままである。工場等制限法は、この区域における人口と産業の集中排除を目的に立地を具体的に規制する法律として1964（昭和39）年に制定施行された。この法律では、人口増加や過密化につながる工場の立地や事業面積の拡大、事業所の雇用拡大などが制限され、さらには同じ理由から大学の新増設まで厳しく制限されていた。

　また、1972（昭和47）年には「工業再配置促進法」が施行されて工場の移転促進が国策として推進されることとなった。

　さらに、1973（昭和48）年には「工場立地法」が施行されて工場立地における環境保全義務の厳しい基準が示されたため、工場等の制限法の規制を免れていた43号以南の工業専用地域の工場群もこの法律の網をかぶることとなり、既存不適格事業所となったために、設備の新増設や更新、建物の建替えなどに大きな制約を受けることとなって、新たな産業への構造転換を妨げる要因となった。これらいわゆる工場立地規制三法は、本来の狙いとした都市部の指定地域における人口や産業の過密化防止と集中排除をはかって、国土の均衡発展を図る目的を達成したかと問えば、とりわけ工場等制限法は、指定地域の現状を見ればむしろ産業の衰退を招いて職住近接の都市機能を喪失させる弊害のほうが大きかったといわざるをえない。国土の均衡発展の狙いは崩れ去り、地域経済

の疲弊と東京への一極集中を加速化したし、都市部から郊外移転した大学は「工場等制限法」の廃止後再び都市内回帰を始めている。工場等制限法は2002（平成14）年にようやく小泉純一郎内閣による規制改革によって廃止されたが、産業都市尼崎にとっては、遅きに失した改革実現であって、都市部の産業にとっては自助努力を無に帰して、手足をもぎ取るに等しい規制であったといわざるを得ない。

（4）産業の復権をめざす取組み

　昭和から平成へと移り変わって、日本経済全体が安定成長から低成長時代を迎え、さらには経済のバブル崩壊後の失われた20年を経てきている。この間にも尼崎のまちは、阪神淡路大震災という大きな自然災害を経験し、またリーマンショックなどの世界的規模の景気変動や直近では東日本大震災による影響など数多くの荒波にもまれてきている。

　尼崎市による産業復権を目指した取組みとしては、1981（昭和56）年3月には尼崎市産業政策調査会が「尼崎産業の長期振興ビジョン――個性ある文化産業都市をめざして――」を答申し工業の近代化や企業活動を支えるための中小企業センターの建設提言などをおこなっている。また、1994（平成6）年には「新たな尼崎産業の長期振興ビジョン――交流と融合による新たな価値の創造をめざして――」を示して付加価値の高い都市型産業への転換をはかる道筋が示されて、その後の「企業立地促進条例」などに活かされ、現在も懸命の努力が続けられている。

おわりに

　この尼崎市域の歩みを眺めてみると、産業に限らず時代の大きな波と急激な変化に幾度も遭遇し、時には壊滅的な状態に追い込まれながらも、そのどん底から自らの力で、あるいは外的な風をうまく活用しながら、才覚をはたらかせ、常に進取の気構えを持ち続けることでいち早く立ち直ってまちを繁栄に導

いてきている。尼崎というまちは、その名のとおり"尼が先"、どこよりも早く問題が噴出し、その取組みに挑戦せざるを得ない試練に立たされる運命を背負っているのだ、と私は考えている。尼崎の産業はとりわけその先導的役割を担わされている。

　今の時代状況は、これまで辿ってきたどの歴史上の時代にも参考になるモデルはないといわざるを得ない。尼崎の先達も、それまでの時代を模倣して成功してきたわけではなく、自らの賢明な知恵と工夫、そして懸命の努力で未来への道を切り開いてきたことが、この歴史を概観してうかがえる。

　今を生きる私たちの日々の歩みが、後世の人々が尼崎産業の歴史を振り返るときに、"進取の気風を失わず、常に勇気をもって挑戦する尼崎固有の精神を発揮していた"といわれるようになりたいものである。

[参考・出典]
尼崎市立地域研究資料館（2007）『図説　尼崎の歴史（上巻・下巻）』尼崎市
尼崎市（1970）『尼崎市史　第三巻』
尼崎市（1969）『尼崎の戦後史』
尼崎市（1981）『尼崎産業の長期振興ビジョン（尼崎市産業政策調査会答申）』
尼崎市（1994）『新たな尼崎産業の長期振興ビジョン（尼崎市産業問題審議会答申）』

Ⅷ 尼崎市の産業施策

岸本　浩明
前尼崎市経済活性化対策課　課長
公益財団法人　尼崎地域産業活性化機構　常務理事

　ものづくり産業を中心として発展してきた尼崎市では、これまでの産業施策は、工業とその発展に伴って発達した商業集積に対するものが多かった。
　しかしながら、近年、製造拠点の海外移転や後継者不足による製造業事業所数の減少、また人口そのものの減少など、まちを取り巻く環境が大きく変化してきたことにより、産業施策の内容もより柔軟な発想による、社会の変化に合ったものとして対応が求められている。
　こうした、時代の流れに伴う本市産業施策の最近の変遷と現在の課題、今後の産業について、具体の事例を交えて紹介したい。

1　行政計画における産業施策（第4次尼崎市総合基本計画）

（1）第1次基本計画（1992年～2000年）

　本市の長期的な発展をめざした、総合的・計画的なまちづくりの指針を示す、本市の基本構想に基づき策定された、第1次基本計画では「まちが新しい価値を創造する産業をはぐくむ」といった理念を掲げ、特に新たな成長産業の創出や創業支援、工業の高度化、小売業の活性化に重点を置いた取組みの方向性を示した。
　1994（平成6）年3月には、この基本計画を受けて本市の産業の目指すべき方向と、その実現に必要な基本的施策の展開に関する指針として、「新たな尼崎産業の長期振興ビジョン」（1994年～2009年）を策定した。
　この時期の本市の産業動向として、1980年代から続く、主力産業である製造

業の伸び悩みと、その背景にある製造業の業種構造の変化が見られた。

これまでの本市製造業の主流であった、鉄鋼、化学、金属製品といった基礎素材型業種の割合が大幅に減少する一方で、電気機械や一般機械といった加工組立型業種が増加しつつあった。

もっとも、本市の産業構造については、基礎素材型業種に過度に依存してきたことから、より成長性が期待される、加工組立型業種をはじめとした都市型産業への早期の転換が求められていたこともあり、本市としても、産業政策として種々のプロジェクトを実施してきた。

その一つが、リサーチ・コア整備事業である（詳細については後段で紹介）。

本事業は、南部臨海部の大規模工場跡地に、産業育成・支援拠点として「尼崎リサーチ・インキュベーションセンター」、研究開発拠点として「近畿高エネルギー加工技術研究所」を整備、人材育成拠点として「分析化学専門学校（現：環境学園専門学校）」を誘致し、南部臨海地域の再活性化へのリーディングプロジェクトとして位置づけ、本市の産業構造の都市型化への転換を進めた。

また、工業の高度化という視点では、中小製造事業所の技術的な支援体制として、大学や各種支援機関とをつなぐ「中小企業技術開発支援システム」や、中小企業の新技術開発を促進する「中小企業技術開発助成制度」などの施策を創設し、中小企業が新たな技術や製品の開発に取り組むきっかけを支援する仕組を作った。

新たな成長産業の創出や創業支援としては、先端技術産業や情報関連業種、研究施設等の立地促進を図ることを目的とした奨励金制度である「都市型産業等立地促進制度」を設けたほか、尼崎リサーチ・インキュベーションセンターを活用した、ベンチャー企業の育成にも取り組み始めた。

一方、小売業いわゆる商業については、1994（平成6）年の商業統計における、市内小売業の約77％が4人以下の店舗である（図1）ほか、その業態も、飲食料品など最寄品を中心とする店舗がほとんどである（図2）。

図１　小売業の従業者規模別商店数比率

20人以上、
3％
5～19人、
20％
4人以下、
77％

図２　小売業の業種別商店数比率

織物・衣服・
身の回り品、
18％
その他、
28％
家具・じゅう器、
家庭用機械器具
9％
飲食料品、
40％
自動車・自転車、
5％

出典：ともに平成６年商業統計調査

当然、顧客となるのは近隣に居住する市民であるが、本市の人口は、1970（昭和45）年のピークから一貫して減少を続け、この時期にはすでに50万人を切っており、市民の消費活動の多様化や、大型店、スーパー、コンビニエンスストアの成長などの要因も加わり、店舗数は減少の一途をたどっていった（図３）。

そうした中、商業の活性化策については、市場、商店街の振興組合など一定規模の商業集積を対象とした支援策を中心に、調査や診断、指導事業が行われ

図３　小売商店数の経年変化

7,000
6,000
5,000
4,000
3,000
2,000
1,000
0
6,301
5,593
5,465
4,791
4,039
2,388
1994年
1997年
1999年
2002年
2007年
2012年

出典：商業統計調査、経済センサス活動調査

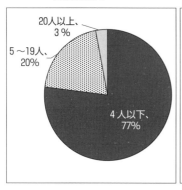

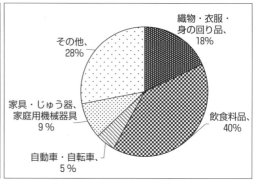

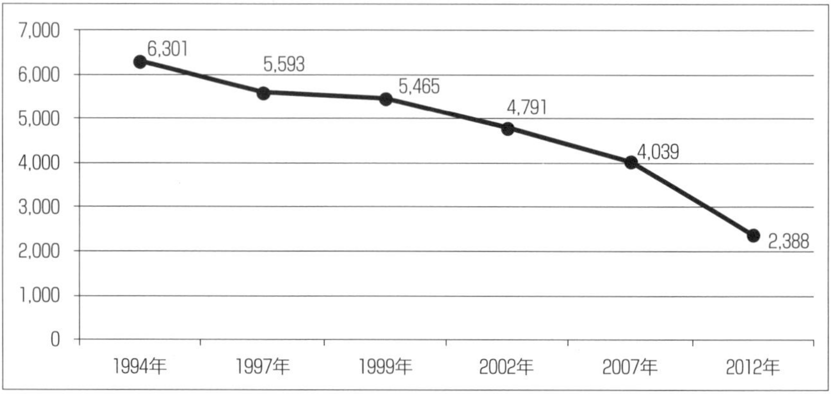

てきたとともに、阪神電鉄尼崎駅から出屋敷駅に拡がる、中央・三和・出屋敷商業地区については、阪神間有数の商業集積地として、すでに設立されていた商業地区まちづくり協議会による、集積のメリットを活かした一体感のある取組みが動き出した時期でもある。

（２）第２次基本計画（2001年～2010年）

①計画期間前半

　第２次基本計画の計画期間は、国内産業に大きな波が訪れた時期でもあり、本市の産業施策にも活発な動きがあった。

　第２次基本計画は、「元気な産業をはぐくむまちにする」をテーマとし、「ものづくりの促進」、「魅力ある商業の創出」に加え、「多様で新規性のある産業活動の促進」に力点を置き、事業所の立地促進に、これまで以上に積極的に取り組む姿勢を示した。

　当時の国内の経済動向は、世界的なITバブル崩壊の影響を受けて景気後退局面にあったが、アメリカ経済とアジア経済の回復や、円安の影響を受け、輸出の増加を起点として生産が回復したことから、企業収益の改善や設備投資の増加が始まった。

　国の産業施策においても、大都市圏における産業と人口の著しい集中による都市機能の低下を防止することを目的に制定された「近畿圏の既成都市区域における工場等の制限に関する法律（1964年）」（工場等制限法）が、2002（平成14）年７月に廃止になり、本市の内陸部を中心に制限されていた、一定規模以上の工場や大学等の新増設が可能となった。

　本市でも、産業支援拠点であるリサーチ・コアに、中小企業の新技術・新製品開発をより具体的なものへと導くための支援機関として、2001（平成13）年に「ものづくり支援センター」を整備し、国や県の支援策と連携したサポート体制を確立させ、現在では、本市だけでなく、近隣地域の中小企業にとっての、ものづくり支援拠点として活動範囲を拡げている。

　2003（平成15）年には、市の産業部門の組織を改編し、新たに「産業立地

課」を新設。製造拠点の国内回帰といった潮流に伴う、企業の設備投資意欲に応えるべく、事業所の新規立地促進や工場の建替え、市内での移転に対する支援体制を整えていく。

また、支援策についても、2004（平成16）年に「尼崎市企業立地促進制度」を創設した。これは、一定規模以上の投資額を伴う市内での工場の新増設や建替えに際して、建物や設備に係る固定資産税を3年間または5年間にわたり軽減するもので、新規立地だけでなく市内の既存企業の転出を抑制し、市内で引き続き操業してもらえるよう、市内での建替えや移転を支援する仕組みとしたところが、産業都市として発展してきた本市の制度の特徴である。

その実績として、制度創設から5年間は、年間10件程度の事業認定があり、直近の2014（平成26）年3月までの累計では、認定事業82件となっている。その内訳は、新規立地が19件、増設46件、建替え5件、市内間移転12件で、企業規模別では大企業が23件、中小企業が59件であり、新規立地よりも市内の既存企業の利用が約77％、中小企業が約72％というように、制度本来の目的に沿った利用実績となっている。

同時期に、国では「構造改革特別区域法」（構造改革特区）が施行され、本市においても、工場制限三法の一つである「工場再配置促進法（1972年）」の指定区域である本市の一部区域の除外を求める「構造改革特別区域計画」（ものづくりのまち「あまがさき」再生特区）を、大阪府東大阪市とともに提案し認定を受け（2005年）、翌年には、これを契機として同法の廃止につながった（工場制限三法と本市の関わりについては後段で解説）。

さらに、国は製造業の国内立地を促進するため、企業立地に積極的な地域を支援する措置として、「企業立地の促進等による地域における産業集積の形成及び活性化に関する法律（2007年）」（企業立地促進法）を制定し、地域の強みと特性を踏まえた取組みに対して、様々な支援制度を創設した。

本市も、企業立地促進法に基づく尼崎市の基本計画を策定し、2008（平成20）年9月に国の同意を受け、同法による支援措置の一つであった「工場立地法（1959年）」の特例措置条例の制定権限を得、2010（平成22）年4月から「尼崎市工場立地法の特例措置及び景観と環境に配慮した工場緑化等の推進に

関する条例」を施行し、市内での工場の新増設、建替えを、さらに促進する措置を講じることができた。

　商業に関する取組みとしては、2006（平成18）年に改正された「中心市街地活性化法」に基づき、本市の中心市街地として位置づけられた中央・三和・出屋敷商業地区における、商業活性化の推進と魅力あるまちづくりを目指した「尼崎市中心市街地活性化基本計画（2008年）」を策定し、商店街施設のリニューアルや空き店舗の活用促進のほか、都市機能の更新を図る、駅前地域における民間の住宅開発促進等の事業に取り組んできた。

　また、中心市街地である中央・三和・出屋敷商業地区では、地域商業者等が中心となって、すでに組織されていたまちづくり会社から、2002年に「株式会社ティー・エム・オー尼崎」として発展的に設立され、その活動の中から、尼崎ならではの商品や製品をエピソードを添えてPRする取り組みとして「メイド イン アマガサキ」事業が始まったほか、各市場・商店街と近隣の大学との共同事業による商業活性化事業など、商業者主体による様々な活動に対し、行政は側面支援として、イベントや事業費の一部助成、国や県の支援策の活用支援を実施してきた。

②リーマン・ショック

　2003（平成15）年から2007（平成19）年までは、順調な景気動向が推移するとともに、製造業の国内回帰といった動きに伴う活発な設備投資が行われた。

　本市においても、2003年に事業所の立地促進に積極的に取り組む体制を整え、企業立地促進制度を整備するなど、当時の経済情勢にいち早く対応し、その中でパナソニックプラズマディスプレイパネル（PDP）工場の立地という、この時代を象徴する工場立地の事例が生まれた。

　前段でも触れたが、それまでの本市が抱えていた課題の一つが、重厚長大産業の衰退と、遊休地と呼ばれた、事業所撤退後の跡地利用であった。

　PDP工場の立地も、臨海部の発電所跡地であり、1994（平成6）年に策定した「新たな尼崎産業の長期振興ビジョン」においても、従来から集積が少なかった都市型先端技術産業の新たな立地と、南部臨海地域の再活性化を目指し

ていたことなど、本市の施策の方向性にも合致したものであった。

　その後も、パナソニック以外の既存工場、中小企業の新たな設備投資が活発に行われ、立地担当に寄せられる事業所用地のニーズに応えられる用地情報が不足気味となり、産業用地情報や企業動向の情報収集を行う「企業立地推進員」の制度も、この時期に創設し、現在も企業動向に係る貴重な情報収集の仕組みとして機能している。

　こうした中、2008（平成20）年9月、いわゆる「リーマン・ショック」を契機に、本市の産業は新たな局面を迎えることとなった。

　本市においても、大企業をはじめとする輸出企業は、急激な円高による為替差損の影響と、株価の下落といった状況に陥り、前述のパナソニックにおいては、その多大な影響を受けたことはご承知のとおりである。

　中小企業も、さらに深刻な状況にさらされ、国は、厳しい資金繰りを救済すべく緊急保証制度の対象業種の拡充を実施。本市も2009（平成21）年2月から融資制度を拡充し、「経済変動対策特別融資」の融資限度額の引上げや、信用保証料の一部助成を行ったところ、前年まで年間約70件程度の融資受付件数が、2009年度には約370件にまで膨れ上がった。

　このように、この時期は前半の景気回復基調での攻めの産業施策と、リーマン・ショック以降のセーフティネットとしての産業施策が交錯する、波乱に満ちたものであった。

　以上のような経緯もあって、尼崎の製造品出荷額は図4のように変化した。

図4 尼崎の製造品出荷額の変化

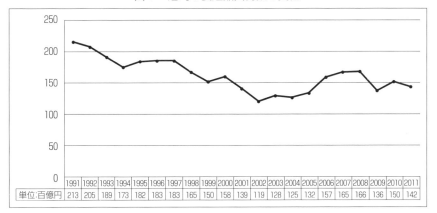

出典：工業統計調査

2 新たな時代に向けた、これまでのおもな取組み

(1) リサーチ・コア整備事業

①尼崎リサーチ・インキュベーションセンター

　本市臨海部の再活性化に向けた、リーディングプロジェクトとして計画されたリサーチ・コア整備事業の中でも、その中核施設として整備されたのが尼崎リサーチ・インキュベーションセンター（ARIC）である。

　ARICは、その名のとおり産業の育成、支援拠点として、ベンチャー企業を育成するためのインキュベータ（孵化器）の役割だけでなく、先端的な研究開発に取り組む一般企業の入居も可能な多機能ビルの役割を担うべく1993（平成5）年4月に開設された。

　しかしながら、バブル期末期の事業計画に基づいた施設整備であったことから、事業開始時には、このインキュベーションセンターを活用した、もう一つの事業計画が急きょ休止となったことや入居率の低迷など、厳しい事業運営を強いられることとなった。

　一方で、この施設から事業を拡大し巣立った企業も多数あり、インキュベー

タとしての機能を一定果たしてきたほか、研究開発型の優秀なベンチャー企業の入居や、複数の外資系企業の研究部門の活動拠点となっているなど、新たな付加価値を備えた産業支援拠点としての機能を果たしている。

②近畿高エネルギー加工技術研究所（ものづくり支援センター）

近畿高エネルギー加工技術研究所は、リサーチ・コア内の研究開発拠点として整備され1993（平成5）年12月に開設。

建物や設備を尼崎市が整備し、民間主導により運営する「公設民営」の研究開発拠点であり、大学と企業による接合技術、加工技術の基礎研究からスタートし、地域の中小企業への技術移転や技術連携を目指し、2001（平成13）年には「ものづくり支援センター」を開設。

中小企業の新技術、新製品開発の支援拠点として、本市の中小製造業の支援主体としての役割を担っており、技術分野に関する、企業、大学、支援機関とのコーディネート機能を有している。

（2）工場制限三法と尼崎市

1960年代から1970年代にかけて、国内では急激な経済発展に伴い、都市部における産業や人口の過度な集中による環境悪化などの社会問題が深刻化していた。

こうした諸問題の解決に向けて、国では、大都市圏での工場等の立地を規制するための法整備を行い、1964（昭和39）年に「近畿圏の規制都市区域における工場等の制限に関する法律（工場等制限法）」、1972（昭和47）年に「工業再配置促進法」、1973（昭和48）年に「工場立地法」（元の法律ができたのは1959年）がそれぞれ制定され、いわゆる「工場制限三法」として一定の効果を上げていた。

しかしながら、1980年代から1990年代になると製造事業所の海外展開が活発化し、国内産業の空洞化を助長させた要因の一つとも言われるようになっていた。

また、環境技術の急速な進化により、工場を起因とする新たな環境への影響も抑制されてきたこともあり、過度な立地規制は地域経済の発展の妨げともなるなど、近年になって、法規制の見直しが進んできた。

尼崎市においても、この「工場制限三法」との関わりは深く、特に最近の法改正については本市からの発信も多く、各法律と本市の関わりを紹介する。

①工場等制限法

前述のとおり、産業や人口の過度な集中を防止することを目的として、その要因となる大規模な工場、大学、高等専門学校、各種学校の新設および増設を制限する法律である。

本市における対象区域は、阪急電鉄神戸線以南かつ臨海部の工業専用地域を除く内陸部であり、その制限される施設の規模は、製造事業所で原則1,000㎡、大学等で1,500㎡を超える床面積であれば対象となるもの。

ただ、この法律が制定された1964(昭和39)年から実に40年の年月が過ぎ、産業面においては、製造業の海外生産比率の高まりや産業集積を活かした新たな事業展開への期待、サービス業の進展による産業構造の変化が見られ、教育面においても少子化が進む中、大学等の活動の自由度を高めることで、多様な学びの場の提供、産学連携の推進といった役割が求められるなど、社会経済情勢は著しく変化することとなった。

本市でも、こうした実態を踏まえ、1980年代から1990年代にかけて、国に対して地域の実状と法規制の緩和を求める要望を、行政だけでなく商工会議所等と共に行ってきた経緯があり、全国的にもこうした声が高まる中、2002(平成14)年法律の廃止に至った。

②工業再配置促進法

この法律は、工場等制限法や工場立地法とは異なり、工場が集積している地域(移転促進地域)から集積の少ない地域(誘導地域)に工場を移転等する場合、事業者に対して補助金等の支援が受けられるというもので、尼崎市は移転促進地域(範囲は工場等制限法と同じ)として指定されていた。

したがって、直接、立地規制を受けるというものではないものの、市内企業の転出を促進させるものであり、本市としては既存企業の転出を抑えるという趣旨からも、本法律の移転促進区域からの除外を求めたいと考えていた。

尼崎市では2004（平成16）年に、同じくこの法律の移転促進区域に市域の一部を指定されていた東大阪市とともに、ものづくりのまちとして地域経済の発展に積極的に取り組んでいる地域を、移転促進区域から除外してほしいとの趣旨で構造改革特区を提案した。

当初は、この法律は規制ではないとのことで、特区には馴染まないとの国の回答であったものの、本市では、地域の産業集積のメリットを活かした、経済の活性化を促進することを目的とした、「地域産業集積活性化法」に基づく計画について、1998（平成10）年から国の同意を得ていることもあり、産業集積を否定する趣旨の法律の指定地域であることの矛盾等を訴え、二度の再検討を経て特区認定を受けた。

その後、他地域においても同様の趣旨による特区申請があり、結果として一年後、本法律の廃止に至った。

③工場立地法

工場立地法は、制度の複雑さもあるので端的にいうと、敷地面積9,000㎡以上、または建築面積3,000㎡以上の工場（特定工場）を対象とし、敷地面積の20％以上の緑地を確保することが義務付けられている。

しかし、本市のように古くから産業都市として発展してきたまちには、法律が施行される以前から立地している工場が多くあり、実際にこれらの工場が、法律どおりの基準で見た場合の緑地がどの程度確保できているかを調べた結果、平均して約12％程度であることがわかった。

この状態で、老朽化した工場の建て替えや増築を検討すると、極端な場合、緑地の確保のために、これまでの工場より小さな建物しか建てられないことも考えられ、結果的に土地に余裕のある市外の工場用地を求めて転出することにもなりかねない。

国では、この法律の本来の目的が、工場立地に際して、周辺地域との環境の

調和を図ることにあるため、全国一律の規制緩和は難しいとのことから、何度も一部見直しを図りつつ、最終的には各市独自のルールによる管理に委ねることとしたもので、本市の場合、2008（平成20）年に企業立地促進法に基づく基本計画を策定し、その権限を得ることができ、2010（平成22）年には「尼崎市工場立地法の特例措置及び景観と環境に配慮した工場緑化等の推進に関する条例」を制定。本市独自の手法による緑地規制の緩和を実現することとなる（図5）。

本市独自のルールとは、法律では緑地を水平投影面積による見方を基本としていることに対し、立体的な緑化や、工場周辺に草木を配置する「見せる緑

図5　条例による規制緩和と工場緑化等の推進の考え方

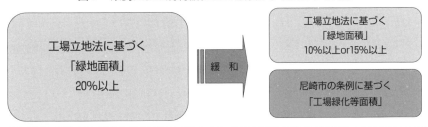

① 緩和する緑地面積相当分以上を『工場緑地化等面積』として、工場立地法の緑地面積の算定基準よりも柔軟に取り扱う。
② 質の高い緑化や、高木の育成、クリーンエネルギーの導入等に見合った面積算定を確保することにより、緑化推進や地球温暖化防止の取組みの推進も目指していく。

Ⅰ　景観に配慮した緑量のある沿道等の緑化
Ⅱ　高木の育成と地域貢献となる推奨樹種の誘導
Ⅲ　こまめな緑化の推進
Ⅳ　クリーンエネルギーの導入
Ⅴ　敷地外緑地の確保
Ⅵ　緑化基金・環境基金による特例
Ⅶ　同等以上の特例
Ⅷ　努力義務
　　・環境マネジメントシステムの導入
　　・ヒートアイランド対策への取組み

化」、また、長年操業してきた工場敷地にある「高木」など、企業の努力と地域、環境への貢献を評価する手法を用いたところに特徴があり、立地規制の法律を廃止することなく、その本来の目的を、地域の実態に合わせた手法での実現が可能であることを証明できたと考えているほか、結果として、市内での工場の新増設、建替えの促進を図る手段の一つとして活かせることを期待している。

(3) 商業立地ガイドライン

　まちづくりの手法と、産業施策の連携が図られた事例がある。2004（平成16）年に策定した「商業立地ガイドライン」は、名前こそ商業ではあるが、その背景には深いものがある。

　これは、工場等制限法などとも関わりがあり、対象地域となっている内陸部の工業地では、工場撤退後の跡地利用が住宅地への転換を中心に行われていた中、2000（平成12）年に施行された「大規模小売店舗立地法（大店立地法）」をきっかけに、大規模商業施設の進出計画が相次ぐこととなった。

　こうした動きは、これまでの工業地への住宅進出による住工混在という問題以上に、周辺地域の住環境や既存工場の操業環境の悪化といった問題をもたらすほか、過度な商業施設の立地は地域商業へも多大な影響を与えることが懸念された。

　ただ、大店立地法では、大型店舗の立地に際しては周辺地域の生活環境の保持に配慮するものであり、地域の需給環境を勘案してはならない、つまり商業規制となってはならないとしている。

　商業立地ガイドラインは、この大店立地法の趣旨と計画的なまちづくりとの整合性を踏まえた中で、大型店舗が無秩序に立地するのではなく、まちづくりの観点から良好な都市環境の形成に向けた、商業立地に係る指針として生まれたものである。

　具体的には、都市計画上の土地利用の考え方を基本に、市内を8種類のゾーンに分け、まちづくりと商業機能の方向性を示すとともに、大型店においては

求める店舗面積も明示するなど、地域特性に配慮した商業立地の考え方を明らかにしたものとなっており、2004（平成16）年のガイドライン策定以来この基準を超える立地は生まれていない。

3　これからの産業施策

（1）第5次尼崎市総合基本計画

2013（平成25）年からスタートした基本計画では、これまでの産業施策の基本的な考え方を踏まえながらも、前基本計画の期間で見られたように、産業における急激な変化にも対応できる柔軟さと今後のニーズへの準備を意識したものとして施策項目を挙げている。

特に、環境と産業の共生による地域経済の活性化については、これまでから工場立地法における緑地規制の緩和と、製造事業所の立地促進、設備投資への誘導といった事例もある中、今後の成長が期待される環境ビジネスについても、過去からその重要性を認識しながらも、市内中小企業への浸透が進んでいないことから、今後は特にこの分野をきっかけとした地域産業の活性化につながる仕掛けが必要であると考えている。

また、商業振興の施策のあり方についても検討することとしており、これまでの商業振興の考え方にとらわれない、思い切った発想が求められている。

これまで、市場・商店街の集積メリットを活かしたイベント事業や、空き店舗への新たな出店を促進する支援策を中心に実施してきたが、こうした支援策は、いずれも商業や地域の活性化に意欲のある事業者に活用され、地域のにぎわいづくりに一定の効果を生んでいる。

一方で、空き店舗が進みすぎた市場・商店街の場合、新たな取組みを始めようにも、その担い手もいないといった状況にあり、アーケードや施設の維持も負担になっている場合もある。

こうした、疲弊した市場・商店街の中には駅前等恵まれた立地条件であるにも関わらず、有効な施設利用、土地利用ができていないだけでなく、昨今で

は、空き店舗の多い市場・商店街の火災が相次ぐなど、まちづくりの観点からも大きな損失となっている。

この市場・商店街の中にも、前向きに事業を続けていきたいという意欲のある商業者もあるなど、今後の商業活性化策を考えるにあたっては、単なる商業という観点だけではなく、まちのにぎわいを創り出すものとしての活性化策を考える必要がある。

このほか、商業と同じく地域社会を支える事業活動の支援として、ソーシャルビジネス等新たな事業活動の活性化方策の検討が挙げられており、今後、具体的な支援ニーズの把握を進めていくこととなる。

（2）尼崎市産業振興基本条例

尼崎市では、産業の振興に係る基本的な考え方を示す「尼崎市産業振興基本条例」の制定について、2013（平成25）年度から検討を進めてきた。

産業に関する条例については、すでに全国各地の自治体で制定されているところであり、その内容も、商業の振興、ものづくり産業の振興、地場産業の振興など様々な制定背景を有している。

その中で、古くから産業都市を標榜してきた本市が求める条例は、中小企業から大企業まで様々な事業規模の事業者が高度に集積するまちの強みを活かしつつ、事業者、産業関係団体、市民、市などからなるネットワークによる総合力を発揮することで地域経済の活性化を図るという、尼崎らしさを表現した指針となることを目指している。

特に条例では、起業の促進と雇用・就労の維持創出も、地域経済の活性化において重要な役割を果たすものとして表現するなど、産業振興についての幅広い意義を示すものとしている。

（3）今後に向けて

ここまで約20年間の、本市産業を取り巻く動向とおもな産業施策について振

り返ってきたが、この他にも、行政だけでは実現し得なかった事業も多数あった。

　例えば、2003（平成15）年に地元金融機関である尼崎信用金庫と尼崎商工会議所、尼崎市の３者の連携による「あまがさき技術サポート融資制度」を立ち上げた。中小企業が持つ技術や製品を融資対象として評価する、原則無担保による融資制度であり、全国的にも珍しい取組みとして注目された。

　このように、産業施策は行政だけで考えるのではなく、様々な方面との連携や調整により成り立ってきたのである。

　では、今後の産業施策を考えるにあたって必要なことは何か。

　まず認識しなければならないのは、これまで以上に、まちの人口が減るということ。これは、尼崎市だけでなく、我が国全体が直面している事実である。

　人口の減少は、当然、消費活動の低下につながり、事業者を取り巻く状況も厳しくなるとともに、事業活動の推進力である労働力も不足してくる。

　こうした現実を十分に認識したうえで、なお意欲ある事業者に対して、限られた予算の中で、いかに効果的な施策を提供できるかをこれまで以上に考えることが重要であり、そのためには市内に多数ある産業団体等との連携を図りつつ、国や県の施策と協調した施策構築と、何よりも変化の激しい経済動向に、事業者だけでなく行政が、いかに柔軟に対応できるかという順応性が求められている。

　いずれにしても、地域経済を盛り上げていく主役は事業者であり、行政の役割は、その活動を側面支援できるよう、必要に応じて法規制等の条件整備を行うことで、支援するなどというおこがましいことではなく、事業者の邪魔をしないことでもあるのではないだろうか。

IX 日本のお家芸であるロボットを活用したECOなものづくりの未来

髙丸　正
髙丸工業株式会社　代表取締役社長

はじめに

　尼崎市に住まいする人々をはじめ尼崎市で事業を営む人、尼崎市にかかわるすべての人の共通の望みは「尼崎が豊かになる」と言う事であろう。尼崎市は「ECO未来都市を目指す」という大変すばらしい目標を掲げ、すでに2013（平成25）年に国から「環境モデル都市」の認定を受けた。ECOとは、Ecology（環境）と、Economy（経済）の二つの意味が存在し、「ECO未来都市を目指す」と言う事は「環境に配慮した経済活動を行う都市になる」ということと理解できる。同様に「ECOなものづくり」とは、「環境に配慮した効率の良いものづくり」となる。当社は産業用ロボットを用いた設備機械の設計製作を本業としているが、いかにして「ECO未来都市」への挑戦に関わり、「尼崎を豊かにする」ことに寄与できるかを客観的に検討してみる。

1　ロボット工学は究極の省エネ工学

　「ロボット」という単語を辞書で調べると「人造人間」という文言が出てくる。つまりヒューマノイド（アンドロイド）である（ヒューマノイドとアンドロイドの明確な区分は存在しないが、一般的に人間そっくりな蝋人形のようなロボットをヒューマノイド、機械的な人型ロボットはアンドロイドと区別されているように思う。ここではその表現に従う事とする）。つまりロボット工学とは、あらゆる工学を駆使し、究極的にはヒューマノイドを作ろうとする研究なのである。その研究項目は駆動系、制御系、センサー系、知能系など非常に

多岐にわたり、スターウォーズのC-3POのようなアンドロイドが具現化するにはまだまだ時間がかかるだろう。一方で山中教授がノーベル賞を受賞したiPS細胞の研究などを見ていると、医学的な研究の延長線上にもヒューマノイドが存在するように感じている。

ロボットの研究は人や動物の様々なメカニズムを解析し、真似することが基本である。イルカや回遊魚など、高速で泳ぐ事ができる海洋生物の研究しているグループの最大の目的は、「なぜそんなに速く泳ぐ事ができるのか？」を解析することである。水族館のイルカショーで6mものジャンプをしている体重約150kgのイルカは40km/h以上で泳ぐ事ができる。一方、同じ大きさ、同じ重さのイルカ型ロボットを製作した場合、同じ40km/hで泳ぐには約200馬力のエンジンが必要だとの見解がある。しかし、イルカ自身の実出力は1馬力程度であり、これらのデータから現在の技術と自然界に存在する動物との運動・出力比率は200倍以上もの差があると予想される。

20年前、尼崎工業会の若手グループで人力飛行機を制作し、鳥人間コンテストに出場した事がある。私は設計とパイロットを担当したが、その時の設計では280Wで水平飛行ができる計算であった。スポーツジムに行き、自転車タイプのマシンでトレーニングを2か月ほど続けたが、当時の私の体力では280Wの出力を持続できるのは約5分であった。設計上の対気速度が8m/secであったので、無風状態なら5分で2.4km飛び、優勝できる予定であった。一方、

写真1　1993年尼崎工業会青年経営研究会製作

当時115kmの大飛行をして世界記録をうち当てたMITのダイダロス号は200Wで飛行可能であったと聞いた。この80Wの差が世界の頭脳と私との差なのであるが、アホウドリは一度離陸すると数日間（一説によると数ヶ月間）飛び続けることができると言われている。イルカロボットの研究による「人工物と自然界に存在するものとの効率は200倍の差がある」というのもうなずける。

人は食物を食べ、その食物に含まれるカルシウムで骨を作り、タンパク質で筋肉を作り、ビタミンで体調を整えて、わずかなカロリーで運動をする。それでもすこぶる効率が良いのでジョギングなどの不要な運動をして余ったカロリーを消費しなければすぐに太ってしまう。ガソリンエンジンの車はガソリンを燃やし、その熱エネルギーを運動エネルギーに変えて走っているが、私の大学時代（30年前）のデータではオットーサイクル（ガソリンエンジン）の熱効率は17～20％と言われていた。つまり80％以上は廃熱として外部へ捨てなければならず、冷却用のラジエタが壊れればエンジン全体がオーバーヒートで焼付いてしまう。最近はかなり燃費が良くなったとは言え、いまだその熱効率は30％程度である。このような製品を作って多大な利益を出している車メーカーが省エネを論じるのは如何なものかと思う時がある。

今後ロボットの研究が進み、大きく改善された新しい機関が開発され、また胃や腸などの人工消化器の研究も進み、人が食べ残した食物の持つカロリーで動く産業用ロボットが未来の車を生産するようになる頃には、地球温暖化の問題も解決されていると思う。

2　産業用ロボット開発はヒューマノイド開発の入り口

子供たちに「ロボットってどんなものか知っている？」と聞くと「知っているよ！　目が付いていて耳とか鼻もあって動くやつ！」という言葉が返ってくる。ところが産業用ロボットを見せると「こんなのロボットじゃないよ！」と言われる。現在の多関節型産業用ロボットはヒューマノイドの肩から手首までの「腕」の部分であるといえる。その「腕」の開発もずいぶん進み、関節も5関節から6関節、7関節と増加し、より人の腕に近い動作のできるものとなっ

てきた。また既に双腕のロボットも実用化され、「こんなのロボットじゃないよ！」と言っていた子供たちも「なんとなくロボットみたいだね！」と発言するようになってきた。

　産業用ロボットは少量多品種生産の機械化のために教示等[(1)]作業により動きが自由に変えることのできる設備機械として開発された。当初は直交座標の物も多くあったが、作業の用途を拡大してゆく上で多関節型が主流となった。つまり人の作業を機械に置き換える開発の上で、多岐にわたる作業に柔軟に対応させようとしていると人の腕に似た形になってきたのだと言える。しかしながら未だ「手」の開発は完了しておらず、「腕」に持たせる工具や道具はロボット専用のものが必要である。今後「手」の開発が進み、人の手と同じ形をした同じ大きさの5本指の「手」が開発されたなら、人が日常使っている工具や道具、日用品をそのままロボットが使えるようになり、ロボットの用途（アプリケーション）が飛躍的に増加し、産業用用途以外でもロボットを活用するようになると考えられる。もちろんさまざまなセンサーやソフトウェアの開発は不可欠であるが、日々の生活の中でロボットが炊事や洗濯などの家事を行い、オフィスで事務作業をするようなことを想像しているのである。そこで、尼崎にある近畿高エネルギー加工技術研究所（AMPI）のロボット研究会（弊社も参加）では、この5本指の「手」を研究テーマとして開発に取り組んでいる（写真2）。

写真2　AMPIの研究テーマ

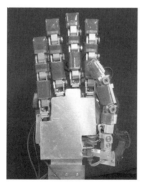
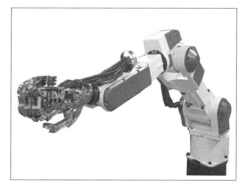

Universal Robot Hand II　　　　　　　　Hand/Arm Robot
出典：一般財団法人 近畿高エネルギー加工技術研究所提供

私の持論であるが、「ロボット業界はコンピューター業界の後追いをしている。つまりコンピューター業界の歴史はロボット業界の未来だ。したがってコンピューター業界の歴史において成功した製品や事業を、ロボット業界に置き換えて開発、実行してゆくことが、ロボット業界で成功するための手段である」と考えている。またこの持論が当社の事業計画の骨子になっているのである。20年前、携帯電話やコンピューターが現在のような形状や機能を持つことは予想できなかった。同様に我々は20年後に「20年前、産業用ロボットがこんな形状になってこんな作業をするようになるとは想像できなかった」と言われるような開発を進めてゆく。また、コンピューター業界を支配したのはコンピューターメーカーでは無く、コンピューターの使い方を劇的に簡単にしたソフトウェアメーカーであった様に、ロボット業界を支配するのはロボットメーカーでは無いであろうと考え、その立場を目指して日々の業務にあたっている。

3　ロボットを活用してものづくりをするとECOになるのか？

　冒頭でECOには、Ecology（環境）と、Economy（経済）の二つの意味が存在すると述べた。ものづくりにロボットを用いれば何がECOになるのかをこの二つの意味に分けてそれぞれに考察してみる。
　まず、Economy（経済）の観点から考えると、ロボットを用いてものづくりをすると、生産性がどれほど向上するのか？　と言う点が課題となる。生産性を測る目安はいろいろあるが代表的なものとしては、「単位時間当たりの生産数」「単位面積当たりの生産数」「一人あたりの生産数」である。ロボットを使うとこれらの数字がどの様に変化するかを以下にそれぞれ解説する。

①「単位時間当たりの生産数」
　1時間で生産できる生産量を言う。ロボットを用いて作業速度の高速化を図ることが主たる目的なのであるが、それ以上にロボットを用いると休み時間が不要となり、1日あたりの生産時間を増やすことに利用されている機会が多

い。つまり最大で1日24時間の生産が可能となるという考えである。他方、ロボットを用いると品質が安定し、手直し作業や検査時間が短くなる傾向もある。

② 「単位面積当たりの生産数」

　工場の面積1㎡当たりの生産量を言う。写真3は自動車工場のボディ製造における抵抗溶接ラインであるが、ロボット一台が人一人に相当する作業を行う。このようなスペースで人が作業をすると、隣の人やその作業設備と干渉し、全員が一斉に作業を行うことはできない。一方ロボットはすべてのロボットが一斉に作業してもぶつからないように制御することができる。結果狭い面積で多くの生産を行うことになる。

写真3　ボディスポット溶接ライン

出典：髙丸工業ホームページ

③ 「一人あたりの生産数」

　作業者一人あたりの生産量を言う。つまり省力化とか、省人化と言われる内容と同じである。ロボットを用いて生産をすると作業そのものはロボットが行うことになる。作業者はロボットの操作を行うことになるのであるが、一人で複数のロボットを操作することにより、一人あたりの生産量を増やすという試みが多い。

　これらのすべての数字が大きくなるほど生産性が良いとされるのである。対

象の作業によってロボット導入の効果に大きな差があるが、大量生産に対しては効果が大きいことが容易に判断でき、既にそのような作業についてはロボット化が進み、大量生産が主である大手企業では一巡している。一方、少量多品種生産を行っている中小製造業では未だロボット化がほとんど進んでいない。その傾向の対策については後に述べることとし、次にEcology（環境）に対する効果を考察してみる。

　ものづくりにおけるEcology（環境）への貢献とは、やはり省エネルギーになるであろう。そして、ほとんどのものづくりはそのエネルギーとして電力を使うことが多い。それぞれの生産設備を省エネルギータイプに改善する努力は長年取り組んできており、多くの効果を得てきた。またこの取組みは永遠のテーマとしてこれからも取り組んでゆくことになる。一方、現在のところ電力は効率の良い適切な蓄電（蓄エネルギー）ができていない。したがって昼間の大きい消費電力に合わせた発電機では、夜間の消費電力が少ない時間帯には効率が低下してしまう。これを平準化できれば発電機の能力そのものを抑えることができ、かなり大きな省エネルギーとなる。つまりロボットを活用したものづくりの上では、夜間の無人操業を取り入れることが環境的に大きな効果を生むことになると考えられる。

　実際に夜間の無人運転を想定し、ロボットを導入した兵庫県内の中小企業の例では、ロボットを導入した事により、昼間だけの操業でも20％の生産増（投資前10時間で200本生産、投資後8時間で200本以上生産）となり、さらに夜間の無人操業で1回の準備分（100本）が生産可能となった。この企業は省エネを目的として夜間無人操業に取り組んだのではないが、実際にこのような操業を経験したことにより省エネの意識が芽生え、現在では生産は夜間無人でロボットで行うべきだという考えになっている。利益を追求する企業活動において、Ecology（環境）への貢献だけを目的にして省エネに取り組むことは困難であり、このような手順が適切であると考える。

表1　中小企業向けに夜間無人作業を実現したロボットシステムの効果

項目・区分	目的	現状 (半自動溶接機1台)	目標	結果
小物ピンプレート 溶接機・更新	①出来高向上	200本／10時間	200本／8時間	200本以上／8時間
	②MH自動化	ワーク脱着手作業	ワーク脱着、 溶接の自動化	MHロボット自 動脱着
	③段取り時間 短縮	8個／一回段取り	50個以上／一回 段取り	100個／一回段取り （外段取り化）

(注) 弊社製造システムに対する客先の評価

4　電気自動車はなぜECOなのか？

　各自動車メーカーによるECOカーの開発が進んでいる。すでに日本国内での新車販売台数（2012年10月）の70％以上がECOカーであると言うデータがある一方、世界を分母で考えると未だECOカーの販売は10％未満であり、日本人のECOに対する意識の高さがよく表れている。

　現状のECOカーにはハイブリット車、軽自動車、クリーンディーゼル車、電気自動車などがあるが、電気自動車以外は自己の持つエンジンにより燃焼させたガソリンの熱エネルギーを運動エネルギーに変換する効率を様々な手段で高めることを目的としている。

　一方、電気自動車は全く排気ガスを出さないので一見すると究極のECOカーのように見えるが、発電をする過程において熱エネルギーを電気エネルギーに変換する効率を考慮するべきであろう。先にガソリンエンジンはガソリンを燃焼させて得られる熱エネルギーの30％程度を運動エネルギーに変換しており、約70％をラジエータで放熱していると書いたが、電力会社の運営する発電所の発電機も熱エネルギーを電気エネルギーに変換する効率も最新のもので約60％未満と言われている。やはり40％以上の熱エネルギーを廃熱として捨てており、そのため冷却する海水がある海辺に発電所が建設されているのである。こうしてできた電気エネルギーを消費して走る電気自動車が手放しでECOであるとは言えない。やはり夜間電力を有効に活用して充電し、昼間に

運用をすることが重要なのであり、そうすることにより社会全体としての消費エネルギーが減少するのである。

表2　日本国内の新車販売台数におけるECOカーの比率

> 日本自動車工業会の集計によると、自動車重量税・自動車取得税減免措置の対象になっているエコカー（環境対応車）の2012年10月の販売台数は、23万4,896台となり、新車総販売台数の73.0％を占めている。うちハイブリッド車や電気自動車など免税対象車は12万963台で、総販売台数の37.6％を占めた。税75％軽減対象車は、2万4,484台で総販売台数の7.6％、税50％軽減措置対象車は、8万9,449台で総販売台数の27.8％だった。

出典：ジュンツウネット21　2012年12月26日（潤滑通信社）

図1　世界4極における、エコカーと非エコカーの販売台数の変化（乗用車）

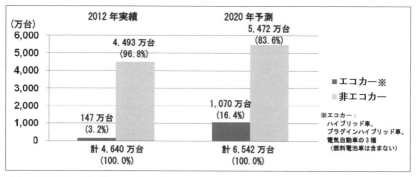

出典：野村総合研究所　2013年11月19日ニュースリリース

5　尼崎の市バスを電気自動車に！

　近年、電気自動車もかなり実用的になったとはいえ、現在のガソリン車の運用をそのまま電気自動車に置き換えるのは適切ではない。さらなる電池や駆動装置などの技術的課題の解決と共に、有効な運用を開拓するべきと考える。結論的には電気自動車は夜間走行する事が無く、昼間、毎日同じ時間に100km程度の距離を走る運用に適していると言える。即ち市内の循環バスの運行に使用するのが最適であると考えるのである。

　尼崎市に限らず、市バスの経営は厳しい。既に民営化も検討されていると聞

くが、市営バスを電気自動車化し、各車の充電スケジュールと運行スケジュールを一元管理した「電動式バス運用システム」を商品化し、尼崎市のブランドとして他市へ販売してゆく事業を創造するべきだと考える。そうして雇用と利益を確保すれば、市民の足を守ることができるであろう。すでに尼崎市にはガソリン車を電気自動車に改造する業務を事業化している企業グループが存在する。優秀なコンピューターソフトウェアの会社もあり、技術的には十分である。さらに優秀な会計事務所が経営を担当すれば赤字になるはずがない。ただ、この事業において当社が果たす役割が見当たらないのが残念である。

6　中小ものづくり企業にロボットを！

　前述したが、ロボット化は大量生産をしている大手企業では既に一巡しているが、少量多品種生産を行っている中小製造業ではほとんど進んでいない。会合などで「将来のものづくりはロボット化が必須だ！」と発言するとほぼ全員が理解を示す。しかし「今はまだその時期ではない」と考えているのである。
　未だロボットを導入していない少量多品種、あるいは一品モノの製缶作業を業としている中小企業へ溶接ロボットの営業に行くと、必ず聞かれる事がある。「ロボットで溶接するのと、人が溶接をするのではどちらが早いのか？」。近年、産業用ロボットの知識を全く持ち合わせていないものづくり企業は皆無になったと言っても過言ではない。したがって産業用ロボットは教示作業が必要である事は常識として知られている。つまりこの質問には「ロボットの教示作業にかかる時間と、ロボットが溶接する時間をたして、人が溶接をする時間より早くならなければロボット導入の意味が無い。一品モノなんて人が溶接した方が早いに決まっている」と言う考えが前提としてあるのである。この質問の考えは一見もっともであると思えるが、本当にロボットの教示作業にかかる時間と、ロボットが溶接する時間をたして、人が溶接をする時間より早くならなければロボットを導入する意味が無いのであろうか？

7　ロボットは少量多品種生産に本当に向かないのか？

　私自身、30年ほど前にワードプロセッサーを初めて使った時に同じ事を口にした。「ワープロで文章を書くのと、手書きで書くのではどちらが早いのか？」と。また、CADを導入する時も同じ事を言った。「CADで製図するより手書きの方が絶対早いぞ！」。しかし今日、手書きの図面を見る事は珍しい事となり、報告書や見積書に至っては手書きの物を見る事すらなくなった。なぜこうなったのであろうか。理由は御承知の通り、コンピューターを活用して作成した文章や図面はデジタルデータとなって残り、複数の人と共有ができるため、そのデータを上手に活用する事でフォーマット化や規格化が進み、その作業にかかった時間以上のさまざまな効果があると言う事に気が付いたからである。産業用ロボットも同じである。

　「少量多品種だから、(一品生産だから) ロボット化の効果が少ない (無い)」という意見もよく聞く。しかし、そもそも産業用ロボットは、自動機械による大量生産の効率化に対し、機械化が進まない少量多品種生産のために、「教示作業を行う事により、動きを自由に変える事ができる装置」として開発された。つまり産業用ロボットは少量多品種のための生産設備なのである。にもかかわらず、現在でも少量多品種の生産にロボットを活用している例は極わずかであり、ほとんどが大量生産用の簡易の自動機として使用されており、それらのロボットの中には、生産が始まると廃棄処分になるまで教示作業をやり直すことすらないものもある。つまりロボットをロボットとして使っていないのである。

　ロボットでものづくりを行うとそれなりに作業のデータ化ができる。しかし残念ながら現状のロボットではそのデータを共有、編集、検索等を行う機能が希薄であると言わざるを得ない。だがそれも時間の問題であろう。そう言った機能をロボットメーカーが用意するまで導入を控えるのは得策ではないと思う。当社がOA化を進めた時はPCメーカー間で文章が読めない事もあったし、CADもソフトウェアメーカー間でデータの互換性が無かったが、決して早すぎたとは思わない。自然と苦労して作ったデータを再利用するようになり、それなりに標準化が進んだ。むしろ現在の便利で使いやすくなったCAD

を使うようになってからの方がデータの有り難さが薄れ、再利用する比率が下がっているように感じる。結局は使う者の気づきや組織としての方針などが要点となるのである。

8 作業の手順を規格化する事で一品生産にも対応

　この様な環境の中、自らの並々ならぬ努力で少量多品種の生産にロボットを活用して、大きな効果を出している企業もある。それぞれ製作している物や作業は違うが、いずれの会社もロボットで作業しやすい様に製造物の設計変更まで行い、規格化を徹底的に進めてロボットの稼働率を上げている。また、この場合の規格化とは単純に製品形状の規格化ではなく、作業手順そのものの規格化であり、そう言った考えを根本に据えて実行している企業が大きな効果を生み出しているのである。石川県の溶断、溶接メーカーは「溶接ロボットは溶接技能者ではなく、エンジニアに使わせる」と言う考えで一品モノのロボット化に取り組んでいた。大阪府の医療機器メーカーは「新興国の競合会社が真似のできないものづくりを目指す」と社長自らが公言して実施していた。何れもその結果、人手では不可能と思われる様な作業をロボットで実施するまでに発展し、以前と業務の様子が大きく、もちろん良い方向に変化している。

　一方、ロボットと同様に「プログラムを作るのに手間がかかり、少量多品種の生産には向かない」と、過去に言われていた機械装置がある。30年ほど前から普及が始まったNC工作機械である。当時の加工業の技能者たちは汎用機械を研ぎ澄まされた五感で操り、1/1000mmの精度で加工を行っていた。そして「NC工作機械はプログラムの作成がネックだ。だから一度プログラムを作ると何度もそのプログラムが使える大量生産の部品の加工には向くが、その都度プログラムを作らなければならない一品モノの加工は汎用機の方が向いている。即ち大量生産を行っている大手企業にはNCは有益であるが、中小企業には不向きである」と言っていたのである。ところが今日では汎用機で加工をしている工作所が一体どれだけ残っているのであろうか。NC工作機械はいつの間にか中小企業にも広く普及し、既に加工屋で汎用機を見る事も少なくなっ

た。そしてそう言った中小企業は大量生産の加工を行っているのではなく、一品モノの加工に対し、一度しか使わないプログラムを作成し、NC工作機械で加工しているのである。

　では中小企業にNC工作機械が普及した理由は何なのであろうか。コンピューターやCADの普及、操作性の向上、価格の低下など等、さまざまな理由があると思うが、技能者の減少が一番の理由ではないかと感じている。日本の中小製造業の多くは戦後の成長期に創業された事業所が多い。即ち現在社歴が50年〜60年で、30年ほど前と言うと、社歴が20年〜30年であり、1回目の世代交代の時期であった。腕のいい職人さんが会社を興し、その技能の良さで社員の統制をはかりながら順調に事業を進めてきたが、永遠に一線で作業し続けることはできない。いよいよ世代交代をする時期に若手の腕の良い職人さんに会社を譲れば同様の手段で社内の統制はとれるかもしれないが、創業者の会社に対する思い入れは当然のことながら非常に強く、また金融機関への連帯保証の問題なども有り、なかなか身内以外への事業継承は実現していない。一方、創業者の身内に創業者と同等の腕の良い技能者がいれば問題もないであろうが、まずはあり得ない。

　この悩ましい世代交代の時期に、次期後継者の技能の補助としてNC工作機械を初めて導入した企業が多かったと考察している。そしてたとえ導入の理由が何であれ、実際にNC工作機械を使いだすと、そのさまざまなメリットを体で理解する事となり、2台目3台目の導入につながり、機械加工業者全体への普及となったのだと考えている。そしてさらにそれから30年が経った今、3代目となる世代交代の時期に差し掛かっている。そう言った中小企業から「少量多品種なのだがロボット化を進めたい。なんとかならないか？」といった相談が増えてきた。

9　ロボットを活用したモノづくりの作業手順

　初めてロボットを導入してうまくいかないケースの中で目につくのは、「今までの手順どおりにやっているのにうまくいかない。ロボットの能力が低い

ぞ！」と言う意見である。

　ワープロで文章を作る手順と、手書きで文章を作る手順は同じではない。同様にCADで製図する手順と、手書きで製図する手順も違う。人手でものづくりを行っている手順を、そのままロボットの手順に置き換えようとする考えが適切ではないのである。手書きで文章を作る時は頭の中で完全に文章を作り、それを文字にする。一方、ワープロでの作業は伝えたい事や言葉をどんどん文字化して、あとで文章に整える。CADでの製図も縮尺や配置は後で整える事ができる。ロボットを導入する上でも作業手順を積極的に変えるべきだと思う。図2は箱物のワークをロボットで溶接するにあたり、工程を分けると内部も溶接できると指導したものであるが、最低限この様な手順変更は必要である。

図2　生産工程の指導例

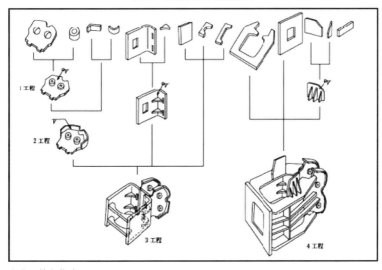

出典：筆者作成

写真4　人手によるグラインダー作業　　写真5　ロボットによるグラインダー作業

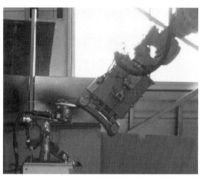

　また写真4・5は岡山県の鋳物部品メーカーにおける、グラインダー作業のロボット化の例であるが、当初は写真4の作業者の代わりに、ロボットにグラインダーを持たせる考えであった。しかし製品の重量が15kgと重く、工程間の搬送についても問題となっていたため、写真5の様にロボットでワークを持ち、グラインダーと搬送の両作業をロボット化する事により効果を増大させた。

　これらの手順の変更はワークの形状変更を伴わない工夫の範囲であるが、既に自動車部品等は、ロボットで製造する事を前提とした形状になっていると言っても過言ではない。ロボット導入後も日々この様な工夫をし続ける事が重要であり、その積み重ねが大きな効果を生み出すのである。

10　ARTC（尼崎ロボットテクニカルセンター）でのロボット人材育成

　ロボット導入におけるこれらの問題点を解決しても尚、ロボット導入に踏み切れない企業の抱える最大の問題点は「当社にはロボットを扱える人材が無い」である。

　当社は8年前、国の補助金を活用してARTC（尼崎ロボットテクニカルセンター）を立ち上げた。

　ここでは産業用ロボットとはどんなものか？　何ができるか？　どの様に扱うのか？　などについて、7メーカーのロボットを実際に動作させ、ユーザー

写真6　ARTC（尼崎ロボットテクニカルセンター）

溶接ロボット　　　　　　　　　　ハンドリングロボット

自身で比較判断ができるようにした。これは当社が25年前にCADを導入する時にどのメーカーを選定するかで悩み、全てのCADをショールームにおいていたOA機器商社の世話で、候補に挙げていたCADを設計者全員で実際に使わせて頂き、彼らの意見をまとめて機種を選定した経緯を真似ている。

　先にも示した「ロボット業界はパソコン業界の後追いをしている。つまりパソコン業界の歴史はロボット業界の未来である。即ちパソコン業界の歴史をロボット業界に置き換えて実施して行く事がロボット業界で成功するための手段である」という私の持論は、当社の事業計画の骨子でもある。そして今のロボット業界をパソコン業界の歴史と比較すると、その販売方法、データの互換性の問題、アプリケーションの種類等から推測するに、まさに当社がCADを導入した頃と同じレベルであると判断してARTC設立の計画を立てた。また丁度そのころ、各地でパソコン教室が開かれていた。この歴史にも倣い、ARTCでは5年前から産業用ロボットの教育事業も取り行っている。毎週、産業用ロボット安全特別教育を実施し、その他に操作教育や導入前の委託テスト等、ビフォアサービスも行っている。

　しかし、当社自身がそうであった様に中小企業における教育とは、「忙しい時は暇がない。暇な時は金がない」のが常である。この問題の解決はパソコンの操作教育を小中学校で行うようになっている事を真似、工業高校で教育すべきであると考え、同じく5年前から地元の行政機関、外郭団体、金融機関等の

支援を受けて実施している。既に109名の学生に受講していただいたが、彼らが社会に出て第一線で働きだす時を心待ちにしていると共に、各工業高校の本来の授業で取り組んで頂けるようになる事を強く希望する（文末、参考資料1）。

参考に受講した高校生の講習の様子と産業用ロボットに対する考えをまとめたアンケート結果を示す（文末、参考資料2）。ロボットに興味を持っている高校生が非常に多い事が一目瞭然である。

写真7　尼崎市内高校生へのロボット教育
　　　　（高丸工業）

おわりに

15年ほど前まで、当社はロボットメーカーの下請けをしていた。ロボットシステムメーカーとして自立するために事業計画を作成している中で図3の資料を見つけた。

図3における右はロボットの生産台数のグラフであり、左はロボットの稼働台数のグラフである。特に左のグラフに着目し、なぜ日本だけにロボットが普及しているのか興味を持った。20年が経過しても明確な答えは出ていないが、おそらく文化の差であると考察している。よく言われている事であるが、欧米人はロボットを忌み嫌う傾向があるのは確かである。1990年ごろアメリカで産業用ロボットを導入すると労働組合がストをするという話をよく聞いた。一

図3　世界の産業用ロボット動向（1995年）

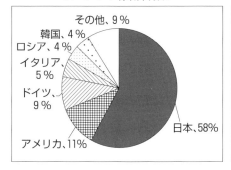
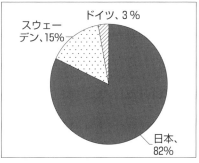

出典：日本ロボット工業会の資料より筆者作成

方、同時期の日本で、ロボットに「太郎君」とか「花子ちゃん」と言う名札が掛かっている現場をよく見かけた。また、日本のテレビアニメのロボットと言えば、鉄腕アトム、鉄人28号など「正義の見方」であるが、ハリウッドに出てくるロボットの代表はターミネーターであろう。「人が人を作るのは神への冒涜である」と言う宗教的発想も潜在意識として存在しているのかも知れない。この際、この様な文化の違いも、ものづくりの現場で上手に利用し、グローバルな競争に挑むべきだと考える。実際、1990年頃、日本のものづくり企業は世界一と言われ、日米経済摩擦にまで発展していたが、当時は日本のロボットの稼働台数は世界の80％を占め、日本だけがロボットを使っていたと言っても過言ではなかった。

しかし、我が国はそんなロボット大国ではあるが、現在でもその約90％以上のロボットが大企業に導入されており、日本の全企業の90％以上を占める中小企業には、わずか10％未満しか導入されていない（「日本ロボット工業会　マニピュレータ、ロボットに関する企業実態調査報告書」2009年）。

今後、日本のものづくり企業がグローバルな競争に打ち勝って行く為には我々中小企業も含め、全てのものづくり企業で、諸外国が嫌がるロボットを積極的に活用し、徹底的に合理化と品質向上に取り組み、人手では不可能と思われる様なものづくりに取り組んでゆく事が、大きなアドバンテージとなると考

える。そしてそのために行うべき行動は、詳細なる技術的検討に、気合と根性、思いきりと当社への相談だと思う。

　数年後、当社のロボット教育を受講した市内高校の卒業生が尼崎市の企業に就職し、彼らが中心となって各企業のロボット化を進め、尼崎市が日本で、即ち世界で突出したロボット化の進んだ地域となり、豊かな街となる事を期待している。

［注］
（1）「産業ロボットの可動範囲内において、当該産業用ロボットについて行うマニプレーター動作の順序、位置、若しくは速度の設定、変更若しくは確認」のことをいう（労働安全衛生規則第36条第31号）。

（参考資料１） 産業ロボット特別教育終了証発行実績（2014年10月10日現在）

（１）地域別

地域	都道府県	都道府県・市	人数
近畿	兵庫県	尼崎市（134）、姫路市（122）、神戸市（177）、明石市（52）、伊丹市（36）、加古川市（22）、三田市（22）、高砂市（18）、加古郡（14）ほか	591
	大阪府	大阪市（109）、堺市（49）、茨木市（36）、摂津市（28）、貝塚市（16）、枚方市（14）、寝屋川市（13）、豊中市（11）ほか	300
	滋賀県	湖南市（17）ほか	42
	京都府	京都市（14）ほか	30
	奈良県		12
	和歌山県		2
中国・四国		岡山県（9）、愛媛県（8）、鳥取県（5）、島根県・高知県・山口県・広島県（各2）	30
九州		福岡県（11）、長崎県・鹿児島県（各2）	15
東海・北陸		三重県（6）、岐阜県（3）、愛知県（2）、福井県（1）	12
関東・甲信越		富山県・静岡県（各4）、東京都（3）、神奈川県（2）、埼玉県（1）	14
東北・北海道		宮城県（2）、北海道（2）	4
		合計	1,052

（注）表中のカッコ内数字は、都市別または都道府県別人数を示す。

（２）業種別

業種等		会社数（校数）	人数
製造業	金属加工	45	163
	産業機器	166	220
	電機・エネルギー	118	142
	化学製品	76	89
	薬品・化粧品	20	24
	自動車関連	1	3
	鉄鋼	35	49
	食品	27	67
	医療	2	2
	情報・システム	1	1
	硝子	1	4
	研究開発	2	6
	製紙	1	1
	その他	60	75
	計	555	846
サービス業	商社	6	14
	人材派遣業	14	30
	銀行	1	2
	物流	2	15
	コンサルタント	1	1
	計	24	62
学生	大学院生	1	1
	大学生	9	35
	高校生・中学生	19	73
	計	29	109
その他		35	35
	合計	643	1,052

（３）年齢別

年齢	人数
～20	130
21～30	306
31～40	344
41～50	206
51～60	60
61～	6
合計	1,052

(参考資料2）ロボット研修　アンケート結果

質問	回答の選択肢		平均点
問1　研修が技術・技能の習得や知識の向上に役立ちましたか	5　とても役立った 4　まあまあ役立った 3　どちらとも言えない	2　あまり役立たなかった 1　全く役立たなかった	4.8
問2　就職してから実際の現場で生かせそうですか	5　大いに生かせる 4　まあまあ生かせる 3　どちらとも言えない	2　あまり生かせない 1　全く生かせない	4.1
問5　カリキュラムの充実度について	5　とても充実していた 4　まあまあ充実していた 3　どちらとも言えない	2　あまり充実していない 1　全く充実していない	4.6
問6　カリキュラムの理解度について	5　理解できた 4　まあまあ理解できた 3　どちらとも言えない	2　あまり理解できない 1　全く理解できない	4.6
問7　研修の実施に当たって、開催日数は？	5　長い 4　少し長い 3　ちょうど良い	2　少し短い 1　短い	3.1
問8　設備、ノウハウ、講師陣は？	5　とても良い 4　まあまあ良い 3　どちらとも言えない	2　あまり良くない 1　全く良くない	4.8
問9　総合的に判断して満足していますか	5　大変満足 4　まあまあ満足 3　どちらとも言えない	2　あまり満足していない 1　全く満足していない	4.8

【問3】
　問2で「5」「4」と回答した場合、具体的にどんな点が実際の現場で活かせそうですか？
【問3の回答】
- ロボットを使う環境に行ったときに基本がわかっていた方が便利だから。
- 実際の職場でロボットがあると思うので、動かせる点で有利だと思います。
- 難しいことをロボットができること。
- ロボットで、職人ができそうに無い所をする所。
- プログラムを作成する点。
- 就職する職場でロボットがあれば学んだ知識が生かせると思います。
- 周りの人よりやったことがあるので早く順応でき、給料をたくさんもらえる点。
- これからはロボットをつかった現場が多いと思うので、ロボットについての知識や技術は現場で生かせると思います。

【問10】
　問9で「5」「4」と回答した場合、具体的にどんな点に満足していますか？
【問10の回答】
　・楽しくロボットについて学ぶことができたのがよかった。
　・ロボットを動かせたのはよかったです。
　・説明がよかった。
　・先生がたのおしえがていねいで、すごくわかりやすく楽しく学べたので満足しました。
　・ロボットを長くさわられた（操作できた）事。
　・先生方の教え方。
　・日常では使えないロボットの操作方法が学べた。
　・ロボットを長く操作できた点。
　・自分が就職した時に役立ちそうな知識が多くてすごく為になりました。
　・おしえてくれる人がわかりやすくおしえてくれたのでうまくロボットが動かせた。
　・講師の人たちは、みんなていねいに教えてくれましたし、いろんな会社のロボットを操作する経験は就職にとても役立つと思い、今回の研修はとても満足できました。

【「この研修に参加してみて、どんな感想を持ちましたか？」に対するの回答】
　・座学が眠かったけれど、ロボットの操作は楽しかった。
　・やはり溶接とはいっしょに歩いていけない
　・楽しかったです。
　・ロボットは危険なものだと思っていましたが安全にていねいに操作すれば人の役に立つと思いました。このカリキュラムに参加してよかったと思いました。
　・色々なロボットの操作ができてとてもよかった。次も行けたら行きたい。ただロボットをぶつけまくったのは失敗だった。
　・将来、ロボットがある所に就職したいと思いました。
　・少し長い期間だけどけっこう楽しかったです。
　・初日の座学は聞いているだけだったので理解するのが大変だったけど、技術の方は覚えていくうちにスピードが速くなるので楽しかったです。
　・長かったけど、中々よかったです。あまりできる体験ではないので、今後生かしていけたらいいと思います。
　・講師の人たちは、みんなやさしくてロボットの操作はとても楽しかったので、ロボットを使う職場に就職したいと思いました。
　・最初はいい機会だから行ってみようかなと思っていましたが、今は参加して本当によかったなと思っています。講師の人達は楽しい人ばかりだったので、もうちょっと長くてもよかったかなと思いました。5日間ありがとうございました。この知識は無駄にしないよう、活用したいと思います。

※以下の問に対する該当者はなし。
【問4】　問2で「2」「1」と回答した場合、具体的にどんな問題がありましたか？
【問11】問9で「2」「1」と回答した場合、具体的にどんな問題がありましたか？

研究報告

――公益財団法人 尼崎地域産業活性化機構――

X 経済センサスからみた尼崎の小地域の特性Ⅳ

國田　幸雄
公益財団法人 尼崎地域産業活性化機構　調査研究室

1　小地域特性分析の意図と考え方

(1) 研究目的と位置づけ

　この研究は、経済センサスのデータを使って2009（平成21）年から2012（平成24）年の3年間における尼崎市の産業活動の変化をみるものである。研究の特徴は、市全域での変化に内包される、後述の「集計区」という小地域単位で分析することにより、市域内部の変化を捉えるものである。

　この研究は、「各種統計情報研究に関する基礎的データ整理業務」（平成16年3月）（ここでは、便宜上「尼崎の小地域の特性Ⅰ」という）、「尼崎の小地域の特性Ⅱ」（平成22年1月）、「国勢調査からみた尼崎の小地域の特性Ⅲ」（平成25年3月）に続くものである[1]。

　この「尼崎の小地域の特性Ⅳ」では、経済センサス（以前の事業所・企業統計調査が、2009（平成21）年から経済センサスとなった）を使って、2009（平成21）年と2012（平成24）年との事業所・企業に関する事項の変化をみることとしたものである。

(2) 小地域分析の意図

　ここでいう小地域は、市域を29区分したものと156区分した2通りによって分析を進めている（本論では、紙幅の関係から156区分での分析例を示す）。

　小地域で地域分析をする意図は、「尼崎の小地域の特性Ⅱ」に詳しいので、ここでは要点のみを記すにとどめる。

①小地域の単位

 尼崎市の統計は、全市域、地区別（6地区）で示されることが多いが、これでは大きすぎて市域内の地域・地区の同質性、異質性、あるいは地域・地区間の差異の幅が十分把握できない。一方、詳細には、町丁別に示される人口、世帯数などのデータはあるがこれでは細かすぎる。町丁目データは、それ自体で統計をみるというよりも、分析を意図する単位に括り直して集計するための、いわば元データとみることができる。

②小地域の意味

 統計は、単に数字の認識、比較だけではなく、その空間がもつ意味を理解することが必要である。人は都市空間のなかで、住み、生活し、生産活動、自治活動、余暇活動を展開する。その中で、各種の集団組織（自治会、婦人会、老人会、PTA、消防団、趣味のサークルなど、フォーマル、インフォーマルな組織）をつくって活動している。その活動は都市の空間と対応している。そうしたソフト（人の活動領域）とハード（都市空間）とを対応させて、統計データが示せれば、その意味を考えやすい。

 市域の中で、厳然として機能している領域の一つに「小学校区」がある。しかし、小学校区でさえも、近年の少子高齢化による統廃合の動向などにより変化が激しいこと、都市空間に必ずしも合致していない（例えば、幹線道路を跨いで設定されたり、一つの街区で、2つの学校区に分割して設定されたりしている）ことなど、統計データを算出するのに、面積等によって按分するといった方法を用いざるを得ない煩わしさがあり、統計を扱う上での難しさがある。

 そして当然ではあるが、用途地域が異なる空間が混ざっているために、一つのエリア内でも変化に大きな差異がみられることがある。このことは、とくに産業関連のデータを重ね合わせて考えようとする時にネックとなる。用途地域によって立地する業種等が変わるからである。

③集計区という考え方

 ②の点を考慮して、概ね尼崎市の小学校区を基礎としつつ、異なる用途地域

があまり混在しない形で、3～4分割する程度の大きさで分ける。また、幹線道路、河川、鉄軌道を跨がないようにすること、町丁目別データを元データとするため、町丁目を分割しない形とすることに配慮して156集計区を設定した（図1。図については本文末にまとめて掲載）。とくに、産業関連データは、用途地域によって大きく異なるため、一つの集計区では異なる用途地域が混在しないことによって分析が明確になる。

逆に、産業の実態の変化によって、用途地域を見直すことも考えられ、そうだとすると、なおさら取り扱う集計区で用途地域が混在しないことが望ましい。

市域を156集計区に分ける一方で、それらを統合した29集計区（省略）による分析も合わせて行った。これは、大きさで言えば中学校区に近いが、幹線道路、河川、鉄軌道といった都市空間を区分する大きな分断要素を考慮し、住民の日常生活圏に近いと考えられる範囲で設定したものである。29集計区のもう一つの役目は、先の156集計区が市域の実態、変化を細かくみているのに対して、もう少し大まかに把握するものである。

なお、参考のため尼崎市の地区区分を図2に示した。後の文章での地区名はこのエリアを指す。また、156集計区と町丁目との対応は表1に示したとおりである。

表1 集計区とそこに含まれる町丁目との対応

156集計区番号	集計区名称	集計区に含まれる町丁目
	中央地区	
1	城内	北城内 南城内
2	東本町・大物	東本町1～4 大物町1、2
3	松島・初島	東松島町 西松島町 東初島町 北初島町 南初島町
4	築地 [ ]は平成12年の旧住居表示	築地1～5 [築地北浜1～5] [築地本町1～5] [築地中町1～5] [築地南浜1～5] [築地丸島町]
5	昭和通1	昭和通1 東大物町1、2 北大物町
6	昭和通2	昭和通2 西大物町
7	阪神尼崎駅北	昭和通3～6 昭和南通3～6 神田北通1～5 神田中通1～5 神田南通1、2 建家町
8	中央西	昭和通7～9 昭和南通7～9 神田北通6～9 神田中通6～9 神田南通3～6
9	竹谷	北竹谷町1～3 宮内町1～3 竹谷町1～3 西本町8 玄番北之町
10	南竹谷	南竹谷1～3 西本町7 玄番南之町
11	開明	御園町 西御園町 開明町1～3 寺町 東桜木町 西桜木町 汐町 西本町北通3～5 西本町1～6 西在家町1～4
12	グリーンハイツ	東難波町1
13	東難波北	東難波町2、3
14	東難波南	東難波町4、6
15	西難波北	西難波町1、6
16	西難波西	西難波町2、3 藻川壮園
17	西難波東	西難波町4、5
18	西向島（工専）	西向島町 西高洲町 東浜町 西海岸町
19	東海岸町（工専）	東向島西之町 東向島東之町 東高洲町 大島洲町 東海岸町
	小田地区―JR以南	
20	杭瀬南新町3（公園他）	杭瀬南新町3
21	杭瀬南新町4	杭瀬南新町4
22	杭瀬南新町	杭瀬南新町1、2
23	寺島・梶ケ島	杭瀬寺町1、2 梶ケ島 今福2
24	杭瀬東	杭瀬北新町1 杭瀬本町1
25	杭瀬西	杭瀬北新町2、3 杭瀬本町2、3
26	今福	今福1
27	東常光寺	常光寺3、4
28	北常光寺	常光寺1 長洲東通1
29	南常光寺	常光寺2 長洲東通1
30	JR尼崎駅南	長洲中通1 長洲本通1 長洲西通1
31	長洲	長洲中通2 長洲本通2 長洲西通2
32	長洲南	長洲中通3 長洲本通3 長洲東通3 杭瀬北新町4
33	金楽寺北	金楽寺町1 西長洲町1
34	金楽寺南	金楽寺町2
35	西長洲	西長洲町2、3
36	扶桑町（工場）	扶桑町
	小田地区―JR以北	
37	額田	額田町
38	高田	高田町
39	神崎	神崎町
40	次屋東	次屋3、4
41	次屋西	次屋1、2
42	西川	西川1、2
43	浜	浜1～3
44	潮江南	潮江1
45	潮江北	潮江2、3
46	潮江西	潮江4、5
47	下坂部西	下坂部1、2
48	下坂部東	下坂部3
49	久々知南	久々知3
	大庄地区	
50	浜田	浜田町1～5
52	西立花西	西立花町4、5
53	稲葉元町	稲葉元町1～3
54	大庄北	大庄北1～3
55	東大庄北	大庄北4
56	稲葉北	稲葉荘3、4
57	稲葉南	稲葉荘1、2
58	大島西	大島1、2
59	大島東	大島3
60	大庄西町北	大庄西町2、3
61	大庄西町南	大庄西町1、4
62	水明町	水明町 大庄中通5

X　経済センサスからみた尼崎の小地域の特性Ⅳ

156集計区番号	集計区名称	集計区に含まれる町丁目
63	大庄中通中	大庄中通3、4　菜切山町　琴浦町
64	大庄中通北	大庄中通1、2　大庄川田町
65	崇徳院	崇徳院1～3
66	蓬川	蓬川町
67	道意北	道意町1～5
68	道意6	道意町6
69	道意7（工専）	道意町7
70	武庫川	武庫川町1～4
71	元浜東	元浜町1
72	元浜西	元浜町2～5
73	丸島（工専）	丸島町　平左衛門町
74	大浜（工専）	大浜町1、2　又兵衛　西　扇町
75	中浜町（工専）	中浜町　鶴町
76	末広町（工専）	末広町1、2
立花地区	**（51は大庄地区、141は園田地区）**	
51	西立花東	西立花町1～3
77	東七松	東七松町1～3
78	七松	七松町1～3
79	南七松	南七松町1、2
80	水堂西	水堂町4
81	水堂	水堂町1、2
82	水堂北	水堂町3
83	JR立花北	立花町1、2、4
84	北立花	立花町3
85	大西	大西町1～3
86	三反田	三反田町1～3
87	尾浜西	尾浜町1
88	尾浜東	尾浜町2、3
89	名神町	名神町1～3
90	久々知西	久々知西町1、2
91	上ノ島	上ノ島町1～3
92	南塚口8	南塚口町8
93	南塚口7	南塚口町7
94	栗山	栗山町1、2
95	富松北	富松町3、4
96	富松南	富松町1、2
97	塚口北	塚口町4、6
98	塚口南	塚口町3、5
99	阪急塚口駅北	塚口町1、2
100	塚口本町南	塚口本町1、2
101	塚口本町北	塚口本町3、4
102	塚口本町東	塚口本町5～7
141	猪名寺西	猪名寺3
武庫地区		
104	南武庫之荘10～12	南武庫之荘10～12
105	南武庫之荘6～9	南武庫之荘6～9
106	南武庫之荘4・5	南武庫之荘4・5
107	南武庫之荘3	南武庫之荘3
108	南武庫之荘2	南武庫之荘2
109	南武庫之荘1	南武庫之荘1
110	武庫之荘東	武庫之荘東1～4
111	阪急武庫之荘駅北	武庫之荘1、2　武庫之荘西2
112	武庫之荘3・4	武庫之荘3・4
113	武庫之荘5・6	武庫之荘5・6
114	武庫之荘7	武庫之荘7
115	武庫之荘8・9	武庫之荘8・9
116	武庫之荘本町	武庫之荘本町1～3
117	武庫町東	武庫町1
118	武庫町西	武庫町2～4
119	武庫元町東	武庫元町1、2
120	武庫元町西	武庫元町3
121	武庫豊町	武庫豊町2、3
122	常吉	常吉1、2
123	武庫の里	武庫の里1、2
124	常松	常松1、2
125	西昆陽	西昆陽1
126	西昆陽北	西昆陽2～4
園田地区―藻川以東		
127	田能6	田能6
128	田能3～5	田能3～5
129	田能・椎堂2	田能2　椎堂2
130	田能・椎堂1	田能1　椎堂1
131	東園田1	東園田1
132	東園田2	東園田2
133	東園田3・4	東園田3・4
134	東園田5	東園田5
135	東園田6・7	東園田6・7
136	東園田8	東園田8
137	東園田9	東園田9
138	戸ノ内	戸ノ内町1～6
園田地区―藻川以西		
103	三菱	塚口本町8
139	猪名寺北	猪名寺1
140	猪名寺南	猪名寺2　南清水
142	食満北	食満1～3（4丁目は河川敷）
143	食満南	食満5、6
144	御園	御園1、2
145	口田中・瓦宮1	口田中1　瓦宮1　食満1
146	口田中・瓦宮2	口田中2　瓦宮2　若王寺1
147	弥生ケ丘・善法寺	弥生ケ丘町（斎場）　善法寺町
148	小中島	小中島1～3
149	若王寺	若王寺2、3
150	上坂部北	御園3　上坂部1
151	上坂部	上坂部2、3
152	久々知北	久々知1、2　下坂部4
153	東塚口北	東塚口町1
154	東塚口南（工場他）	東塚口町2
155	阪急塚口駅南	南塚口町1～3
156	南塚口町	南塚口町4～6

注：表中の地区のまとまりは、住居単位でまとめたため、行政上の地区境界とは正確に一致しない。

（3）産業活動の変化の分析方法

　小地域特性の分析では、基礎となるデータは事業所数と従業者数である。一方産業分類による元データは、産業大分類で示されている。しかし、産業大分類別ではその数が多すぎて分析が非常に煩雑になるため、ここではそれらを表2のようにグルーピングして分析することとした。

表2　産業大分類のグルーピング

〈製造業〉	E	製造業
〈卸売業、小売業〉	I	卸売業、小売業
〈宿泊業、飲食サービス業〉	M	宿泊業、飲食サービス業
〈対個人サービス業〉	N	生活関連サービス業、娯楽業
	O	教育、学習支援業
	P	福祉、医療
〈対事業所サービス業〉	F	電気・ガス・熱供給・水道業
	G	情報通信業
	H	運輸業、郵便業
	J	金融業、保険業
	K	不動産業、物品賃貸業
	L	学術研究、専門・技術サービス業
	Q	複合サービス業
	R	サービス業（他に分類されないもの）
〈その他〉	A～B	農林漁業
	C	鉱業、採石業、砂利採取業
	D	建設業

注：産業大分類での業種表示は、「　」付きで表示し、それらをグルーピングしたものは、〈　〉付きで表示する。ただし、「製造業」、「卸売業、小売業」、「宿泊業、飲食サービス業」の業種別データは、〈　〉付き表示も内容（データ）が同じになる。

2　尼崎産業の変遷

　この研究は、2009（平成21）年と2012（平成24）年のわずか3年間の産業データの変化をみるものである。それは、それまでの事業所・企業統計調査が

Ⅹ 経済センサスからみた尼崎の小地域の特性Ⅳ

2009（平成21）年から経済センサスになり、調査方法等が変わったことによってデータの不連続が起こる可能性があるために、それまでのデータと単純につなげて比較することは厳密にいえば不都合が起こる。

とはいえ、短期間の変化だけをみると傾向を見誤ることもあるので、ここでは、これまでの尼崎産業の変遷を概観しておくこととする。資料は、「統計図説　産業のまち尼崎」（平成23年10月　財団法人尼崎地域・産業活性化機構）（以下、「図説」という）を使っている。

（1）事業所数

データが得られた1963（昭和38）年以降、尼崎の事業所数は急増し1981（昭和56）年に最大の27,516事業所が立地した。その後は徐々に減少し、2006（平成18）年には18,957事業所となった（図説、P12参照）。

今回取り扱う2012（平成24）年データが民営事業所のみなので、それまでの「公務」を含む数値とは異なる。このため「公務」を除いて比較すると、2009年から2012年でみても19,329事業所から17,878事業所へ減少しているので、依然として減少傾向は続いているといえる。

業種別にみると製造業では、1986（昭和61）年に3,240事業所で最大となって、それ以降は減少して、2009（平成21）年には、1,968事業所となった。

他の産業は、統計の取り方が時期によって変化するので一律に比較することは難しい。あえていえば、「卸売・小売業、飲食店」についてみると、1963（昭和38）年から1975（昭和50）年までは増加していた。

統計の区分が変わる1981（昭和56）年には、「卸売・小売業」と「飲食店」の合計が14,266事業所となり、それ以降は減少して2009年には7,820事業所となった。この減少は「卸売・小売業」で大きく、その間で約4,500もの事業所数が減少した。「飲食店」は1986（昭和61）年の5,007事業所が最も多く、2009年には2,952事業所まで減少した。

（2）従業者数

　従業者数でも同様にみてみると、1963（昭和38）年に176,981人だったものが次第に増加して、1996（平成8）年には240,615人となった。その後は減少している。従業者数のピーク時期は事業所数のそれよりも15年遅い（図説、P12参照）。

　今回取り扱う2009年と2012年との比較では、民営事業所だけであるが、201,843人が189,050人となり、12,793人も減少したことになる。

　業種別でみると、製造業では1969（昭和44）年に107,870人で最も多かったものが、2009（平成21）年には45,997人となり、40年間で半数以下に減少している。さらに、今回得られた2012（平成24）年では41,838人となって、減少が続いていることがわかる。

　「卸売・小売業、飲食店」は、この括りで統計がある1963（昭和38）年から1975（昭和50）年までは増加し、その後1981（昭和56）年以降「卸売・小売業」と「飲食店」とに分けられた。

　「卸売・小売業」の従業者数はその後も増加し、1996（平成8）年に45,481人となったが、その後減少して2009年には38,150人になった。この業種の従業者数は先に述べた事業所数ほど減少は大きくない。それは、店舗規模の拡大を意味するのではないかと思われる。

（3）製造業の従業者規模別事業所数

　主要産業の一つである製造業の従業者規模別事業所数をみる（図説、P17参照。ただし図説では構成比率のみを表示している）。なお、この統計は「工業統計」によってみている。

　1960（昭和35）年から2008（平成20）年の間で、事業所数は1980（昭和55）年に最大の2,921事業所となる。しかし、300人以上の大規模事業所は1960年には58事業所あったものが、2008年には20事業所にまで減少している。一方、9人以下の小規模事業所は、1980（昭和55）年に最大の2,115事業所があったも

のが2008年には1,054事業所となりほぼ半減している。それに比べれば、10人以上299人以下の事業所は1990（平成2）年に最大となり、その後は減少しているものの、その減少数は小さく、構成比率としては増加する結果となっている。

（4）事業所の新設率・廃業率

　図説では、経済センサスによって1981（昭和56）年から2009（平成21）年の間で、5年ピッチで事業所の新設率と廃業率を示している（図説、P13）。
　全産業みると、1981年から1986年の5年間は、新設率、廃業率ともに高くそれぞれ年5.2％あった。結果として、この時期の事業所数はほぼ変わらなかった。ところが、1991年から以降は新設率が年3％台に減少し、1996（平成8）年から2001（平成13）年の5年間では、廃業率が新設率を年2.9％も上回る状況となった。この値は年率なので、5年間にすれば10％以上の減少を意味する。この状況からも、1996（平成8）年以降の事業所数の減少が説明できる。
　この状況は製造業でも同様で、1981年から1986年、1986年から1991年の各5年間は新設率と廃業率は大差なかった。しかし、1991（平成3）年以降は、新設率が年2.0％前後に低下する一方で、廃業率は多い時期で年5.9％にもなり、廃業率が新設率を上回る状況が続いている。

3　経済センサスからみた尼崎産業の変化（2009年と2012年との比較）

（1）全産業でみた変化

①事業所数と従業者数
　経済センサスによると、尼崎市の事業所数は2009（平成21）年で19,329（「S公務」を除く。以下同じ）だったが、2012（平成24）年には17,878となり、1,451人（7.5％）の減少である。

同様に従業者数では、2009（平成21）年に201,843人だったが、2012（平成24）年には189,050人となり、12,793人（6.3％）減少した。
　産業大分類別にみた事業所数と従業者数の増減をみる。ただし、ここでは、先に示した産業大分類でグルーピングしたもので、事業所数と従業者数の増減及び増減率を算出した。その結果は表3のようになる。
　事業所数の減少は、実数では、〈卸売業、小売業〉、〈対事業所サービス業〉が多い。なお、〈その他〉は主として建設業である。一方、増減率でみると、〈その他〉〈卸売業、小売業〉〈宿泊業、飲食サービス業〉という順で減少率が高い。唯一、〈対個人サービス業〉での変化率だけが小さい。
　従業者数でみると、〈対個人サービス業〉で増えている以外は、すべて減少している。減少数が大きいのは〈対事業所サービス業〉〈製造業〉〈卸売業、小売業〉である。また、減少率が高いのは、〈製造業〉〈対事業所サービス業〉

表3　業種別にみた事業所数と従業者数の変化

業種等		2009年	2012年	差	増減率（％）
全産業	事業所	19,329	17,878	-1,451	-7.5
	従業者数	201,843	189,050	-12,793	-6.3
製造業	事業所数	1,968	1,825	-143	-7.3
	従業者数	45,997	41,838	-4,159	-9.0
卸売業、小売業	事業所数	4,868	4,398	-470	-9.7
	従業者数	38,150	35,045	-3,105	-8.1
宿泊業、飲食サービス業	事業所数	3,205	2,941	-264	-8.2
	従業者数	19,010	18,499	-511	-2.7
対個人サービス業	事業所数	3,651	3,622	-29	-0.8
	従業者数	34,126	34,558	432	1.3
対事業所サービス業	事業所数	3,971	3,649	-322	-8.1
	従業者数	50,256	45,892	-4,364	-8.7
その他	事業所数	1,666	1,443	-223	-13.4
	従業者数	14,304	13,218	-1,086	-7.6

〈卸売業、小売業〉である。

もう少し詳細にみておこう。

表4は、〈対個人サービス業〉に入れた3つの業種の2009（平成21）年から2012（平成24）年までの事業所数と従業者数の変化を示したものである。

〈対個人サービス業〉全体では事業所数がわずかに減少し、従業者数が増加していたが、産業大分類でみると「医療、福祉」で事業所数も従業者数も増加し、「生活関連サービス業、娯楽業」「教育、学習支援業」では、事業所数、従業者数ともに減少していることがわかる。

同様に、〈対事業所サービス業〉に入れた8つの業種の事業所数と従業者数の変化を表5に示した。

表4 〈対個人サービス業〉の事業所数、従業者数の変化

〈対個人サービス業〉		事業所数の変化	従業者数の変化
N	生活関連サービス業、娯楽業	−105	−505
O	教育、学習支援業	−20	−265
P	医療、福祉	96	1,202

表5 〈対事業所サービス業〉の事業所数、従業者数の変化

〈対事業所サービス業〉		事業所数の変化	従業者数の変化
F	電気・ガス・熱供給・水道業	−2	−489
G	情報通信業	−21	387
H	運輸業、郵便業	−19	37
J	金融業、保険業	−35	−314
K	不動産業、物品賃貸業	−121	−201
L	学術研究、専門・技術サービス業	−77	−2,215
Q	複合サービス事業	−3	−100
R	サービス業（他に分類されないもの）	−44	−1,469

事業所数、従業者数ともに減少の大きかった〈対事業所サービス業〉の中でも、事業所数、従業者数の減少が大きかったのは、「学術研究、専門・技術サービス業」である。この業種で、従業員数が2,215人も減少している。次いで減少幅が大きかったのは、「サービス業（他に分類されないもの）」で、従業員数の減少は1,469人もあった。
　一方、事業所数は減少しているものの、従業者数が増加したのは「情報通信業」「運輸業、郵便業」である。

②集計区別にみた事業所数とその変化

　2009（平成21）年から2012（平成24）年の集計区単位での事業所数変化率を段階区分して示したのが、図3である。
　図3でみると、事業所数が10％以上増加している集計区が7、10％未満の増加が23集計区ある。一方、減少しているのは156のうち126集計区で、とくに20％以上もの減少率がある集計区が6ある。残り120集計区は0〜20％未満の減少率である。
　増加率の10％以上の7集計区のうち、小田地区の［44］（潮江南）や武庫地区の［109］（南武庫之荘1）は駅前の商業集積地である。小田地区の［26］（今福）、大庄地区の［66］（蓬川）、園田地区の［129］（田能・椎堂2）は事業所数自体が少ない。
　次に、とくに事業所数の多い（300事業所以上）集計区の変化をみてみる。
　中央地区の［7］（阪神尼崎駅北、平成24年の事業数が756：以下同じ）が10〜20％未満の減少、立花地区の［78］（七松、348）、［83］（JR立花北、518）、武庫地区の［111］（阪急武庫之荘駅北、405）、園田地区の［155］（阪急塚口駅南、560）がそれぞれ10％未満の減少である。事業所数が多い集計区で唯一増加しているのが、先に示した小田地区の［44］（潮江南、471）である[2]。

③集計区別にみた従業者数とその変化

　2009（平成21）年から2012（平成24）年の集計区単位での従業者数変化率を段階区分して示したのが、図4である。

図4でみると、従業者数が10％以上増加している集計区が24、10％未満の増加が17集計区ある。一方、減少しているのは156のうち115集計区ある。とくに20％以上もの減少率がある集計区が21ある。

事業所数が増加した集計区数より従業者数が増加した集計区数の方が多い。一方で、20％以上の減少率になる集計区数も事業所数でみるよりも従業者数でみる方が多かった。

次に、とくに従業者数の多い（3,000人以上）集計区の変化をみてみる。

〈商業系〉

中央地区の阪神尼崎駅周辺では、［7］（阪神尼崎駅北、従業者数4,981人：以下同じ）、［11］（開明、3,340人）がともに10～20％未満の減少、小田地区の［44］（潮江南、7,950人）が10％以上の増加、立花地区の［78］（七松、3,000人）が10％未満の減少、武庫地区の［109］（南武庫之荘1、2,218人）が10％以上の増加、園田地区の［155］（阪急塚口駅南、4,478人）が10～20％未満の減少であった。

〈工業系〉

臨海部東部の［18］（西向島、4,862人）は10％未満で、［19］（東海岸町、6,277人）は10％以上でともに増加した。塚口本町の［103］（三菱、7,638人）は10％未満の増加で、［102］（塚口本町東、3,126人）は10～20％未満の減少。

そのほか、中央地区の［35］（西長洲、3,202人）が10％未満の減少であった。

〈その他〉

中央地区の［14］（東難波南、3,019人）は10～20％未満の減少であった。

（2）業種別にみた事業所数と従業者数の変化

①変化の類型化

先に示した産業大分類でグルーピングした単位で、2009（平成21）年から2012（平成24）年の3年間で、事業所数の増減と従業者数の増減とで、表6のように類型化した。

表6　事業所数と従業者数の変化による類型

2009年〜2012年の変化	事業所数が増加	事業所数が減少
従業者数が増加	1	2
従業者数が減少	3	4

注：上記1〜4はコード番号である。この4つで区分して集計区ごとに類型化した。なお、産業大分類をグルーピングして、平成21年または平成24年データが0のものはコード「0」（対象外）とした。

② 〈製造業〉の変化

「製造業」の事業所数と従業者数の増減による類型化を集計区単位で行い、その結果を示したのが図5である。

図5では、2009（平成21）年の製造業従業者数と2012（平成24）年の製造業従業者数がともに30人未満の集計区48を除いている。そのいずれかが0である集計区7を合わせて55を分析対象外とした。

分析対象となる101集計区のうち、事業所数、従業者数ともに増加した集計区が28あり、ともに減少したのは41集計区であった。

臨海部東部、JR立花駅周辺、阪急塚口駅より北側の一帯に事業所数も従業者数も増加した集計区がみられる。

2009（平成21）年で従業者数が多い（500人以上）のものをあげ、4つの区分で示すと表7のようになる。

表7　大規模集計区での変化類型

2009年〜2012年の変化	事業所数が増加	事業所数が減少
従業者数が増加	[19] [103]	[18] [39] [46] [102] [154]
従業者数が減少	[28] [35] [74] [75] [87]	[3] [27] [33] [36] [40] [69] [73] [76] [80] [89] [127] [140] [156]

2009（平成21）年で従業者数が500人以上の25集計区で、事業所数、従業者数ともに増加したものは［19］（東海岸町）と［103］（三菱）の2集計区だけである。従業者数のみ増加したのは、［18］（西向島）、［39］（神崎）、［46］（潮江西）、［102］（塚口本町東）、［154］（東塚口南）の5集計区ある。事業所数のみ増加したのは、［28］（北常光寺）、［35］（西長洲）、［74］（大浜）、［75］（中浜町）、［87］（尾浜西）の5集計区で、残り13の集計区で事業所数、従業者数ともに減少した。

③〈卸売業、小売業〉の変化

「卸売業、小売業」の事業所数と従業者数の増減による類型化を集計区単位で行い、その結果を示したのが図6である。

図6では、卸売業、小売業の2009（平成21）年従業者数と2012（平成24）年従業者数がともに100人未満の集計区49を除いている。そのいずれかが0である集計区1を合わせて50を分析対象外とした。

分析対象となる106集計区のうち、事業所数、従業者数ともに増加した集計区が15で、逆にともに減少したのは65集計区であった。事業所数あるいは従業者数が減少した所が多いことがわかる。

2009（平成21）年で従業者数が500人以上のものをあげ、4つの区分で示すと表8のようになる。

21集計区のうち、事業所数、従業者数ともに増加したのは、［44］（潮江南）、

表8　大規模集計区での変化類型

2009年～2012年の変化	事業所数が増加	事業所数が減少
従業者数が増加	［44］［46］	［7］ ［40］
従業者数が減少	［18］ ［33］	［8］［11］［14］［19］ ［24］［43］［48］ ［78］［83］［89］［99］［101］ ［111］［119］ ［155］

[46]（潮江西）で、ともにJR尼崎駅北側である。

従業者数のみ増加したのは、尼崎市の中心市街地である［7］（阪神尼崎駅北）とJR尼崎駅北東部に位置する［40］（次屋東）である。事業所数のみ増加したのは臨海部東部［18］（西向島）と［33］（金楽寺北）である。［18］は卸売業での事業所数の増加だと思われる。

21集計区のうち15集計区が事業所数、従業者数ともに減少しており、この業種が厳しい状況にあることが分かる。

主要駅周辺でいえば、阪神尼崎駅周辺では、中央・三和地区［7］は事業所数は減少したものの、従業者数は増加している。JR尼崎駅周辺は駅北側で事業所数、従業者数ともに増加している。JR立花駅周辺は南側、北側ともに事業所数、従業者数の両方が減少している。阪急塚口駅周辺は南側、北側ともに事業所数、従業者数がともに減少している。阪急武庫之荘駅周辺は南側が事業所数、従業者数ともに増加しているのに対して、北側はともに減少している。阪急園田駅周辺では北側、南側ともに事業所数、従業者数が減少している。なお、杭瀬駅北側の商業集積地でも、事業所数、従業者数がともに減少している（［24］［25］）。

④〈宿泊業、飲食サービス業〉の変化

「宿泊業、飲食サービス業」の事業所数と従業者数の増減による類型化を集計区単位で行い、その結果を示したのが図7である。

図7では、宿泊業、飲食サービス業の2009（平成21）年従業者数と2012（平成24）年従業者数がともに50人未満の集計区55を除いている。そのいずれかが0である集計区6を合わせて61を分析対象外とした。

分析対象となる95集計区のうち、事業所数、従業者数ともに増加した集計区が20で、逆にともに減少したのは49集計区であった。事業所数あるいは従業者数が減少した所が多いことがわかる。

2009（平成21）年で従業者数が300人以上のものをあげ、4つの区分で示すと表9のようになる。

X 経済センサスからみた尼崎の小地域の特性Ⅳ

表9　大規模集計区での変化類型

2009年〜2012年の変化	事業所数が増加	事業所数が減少
従業者数が増加	［30］ ［44］ ［86］ ［109］	［40］ ［83］
従業者数が減少		［7］［14］ ［78］［99］［101］ ［111］ ［134］［137］［155］

　15集計区のうち、2009（平成21）年で最も従業者数が多いのは［7］（阪神尼崎駅北）で、1,836人いた。他の集計区はいずれも1,000人未満だから、ここに圧倒的な集積がある。しかし、［7］も含めて9集計区もの大きな集積地で、事業所数、従業者数ともに減少するという状況である。

　一方では、2009（平成21）年の従業者数が300人以上の規模で、事業所数も従業者数も増加した集計区が4ある。JR尼崎駅周辺の［30］と［44］、立花地区の［86］（三反田）、阪急武庫之荘駅南側の［109］である。

　次に、主要駅周辺でみてみる。阪神尼崎駅周辺では、［6］（昭和通2）では事業所数、従業者数ともに増加しているものの、尼崎市の中心市街地である［7］（阪神尼崎駅北）では、事業所数、従業者数ともに減少している。

　JR尼崎駅の南北両側の［30］［44］で、事業所数、従業者数ともに増加していることは先に述べた。一方、JR立花駅周辺では、駅南側の［78］ではともに減少、駅北側の［83］では事業所数は減少したものの、従業者数は増加した。

　阪急塚口駅周辺では、駅北側の［99］［100］、駅南側の［155］で、事業所数、従業者数がともに減少している。

　阪急武庫之荘駅周辺では、駅南側の［109］では事業所数、従業者数がともに増加しているものの、駅北側の［111］ではともに減少して、駅の南北で状況が大きく違う。

阪急園田駅周辺では、駅南側の［137］、駅北側の［134］で、事業所数、従業者数ともに減少し、駅北西部の［133］で、事業所数のみ増加している状況である。

⑤〈対個人サービス業〉の変化

〈対個人サービス業〉の事業所数と従業者数の増減による類型化を集計区単位で行い、その結果を示したのが図8である。

図8では、〈対個人サービス業〉の2009（平成21）年従業者数と2012（平成24）年従業者数がともに100人未満の集計区48を除いている。そのいずれかが0である集計区9を合わせて57を分析対象外とした。

分析対象となる99集計区のうち、事業所数、従業者数ともに増加した集計区が39で、逆にともに減少したのは33集計区であった。他の業種に比べると、事業所数あるいは従業者数が増加した集計区の比率が高いことがわかる。

2009（平成21）年で〈対個人サービス業〉の従業者数が500人以上のものをあげ、4つの区分で示すと表10のようになる。

対個人サービス業の事業所数が500人以上の規模がある集計区は19集計区あった。事業所数、従業者数ともに増加しているのは、小田地区の［25］（杭瀬西）、［30］（JR尼崎駅南）、［44］（潮江南）、立花地区の［78］（七松）、［99］（阪急塚口駅北）、［101］（塚口本町北）、武庫地区の［109］（南武庫之荘1）であった。

表10 大規模集計区での変化類型

2009年～2012年の変化	事業所数が増加	事業所数が減少
従業者数が増加	［25］ ［30］［44］ ［78］［99］［101］ ［109］	［83］
従業者数が減少	［104］ ［155］	［5］［7］［11］［14］［15］ ［56］ ［111］［119］［149］

それに対して、事業所数、従業者数ともに減少したのは、中央地区の［5］（昭和通1）、［7］（阪神尼崎駅北）、［11］（開明）、［14］（東難波南）、［15］（西難波北）、大庄地区の［56］（稲葉荘北）、武庫地区の［111］（阪急武庫之荘駅北）、［119］（武庫元町東）、園田地区の［149］（若王寺）の9集計区あった。

主要駅周辺でみると、阪神尼崎駅南北で減少、JR尼崎駅周辺は増加、JR立花駅は増加（北側は事業所数は減少）がみられる。阪急塚口駅の北側と南側で異なり、北側の伊丹線以西は事業所数、従業者数とも増加、以東は従業者数のみ増加しているが、南側は事業所のみの増加である。阪急武庫之荘駅も南側と北側で異なる。南側は事業所数、従業者数ともに増加しているが、北側はともに減少している。阪急園田駅も北側だけが事業所数と従業者数が増加している。

このほか特徴的なのは、小田地区の［25］（杭瀬西）は、商業集積地であるものの、「卸売業、小売業」「宿泊業、飲食サービス業」は減少し、〈対個人サービス業〉が増加していることである。

⑥〈対事業所サービス業〉の変化

〈対事業所サービス業〉の事業所数と従業者数の増減による類型化を集計区単位で行い、その結果を示したのが図9である。

図9では、〈対個人サービス業〉の2009（平成21）年従業者数と2012（平成24）年従業者数がともに100人未満の集計区49を除いている。そのいずれかが0である集計区1を合わせて50を分析対象外とした。

分析対象とした106集計区で、事業所数、従業者数がともに増加したのは14集計区であり、逆に、ともに減少したのは52集計区にもなった。先に述べたように〈対事業所サービス業〉の減少傾向がここでもうかがうことができる。

事業所数、従業者数がともに増加した集計区のうち、［18］（西向島）、［69］（道意7）、［73］（丸島）、［76］（末広町）はいずれも南部臨海部に位置し、工業系事業所に対するサービス業だと思われる。

それ以外では、JR尼崎駅北側の［44］（潮江南）や阪急武庫之荘駅南側の［109］（南武庫之荘1）といった駅周辺での〈対事業所サービス業〉の増加も

指摘できる。

　2009（平成21）年で〈対事業所サービス業〉の従業者数が500人以上のものをあげ、4つの区分で示すと表11のようになる。

　2009（平成21）年で〈対事業所サービス業〉の従業者数が500人以上の規模である集計区は計26あった。そのうち、事業所数、従業者数ともに増加した集計区は2、従業者数のみ増加した集計区は6、事業所数のみ増加した集計区は5、ともに減少した集計区は13あった。

　事業所数、従業者数がともに増加したのは、臨海部の［18］（西向島）、小田地区の［44］（潮江南）である。

　逆に、事業所数、従業者数ともに減少した集計区は、中央地区の［6］（昭和通2）、［7］（阪神尼崎駅北）、［14］（東難波南）といった阪神尼崎駅北側、小田地区の［23］（寺島・梶ケ島）、［34］（金楽寺南）、［35］（西長洲）、大庄地区の［64］（大庄中通北）、［74］（大浜）、立花地区の［83］（JR立花北）、［86］（三反田）、［102］（塚口本町東）、園田地区の［149］（若王寺）、［155］（阪急塚口駅南）でみられる。

表11　大規模集計区での変化類型

2009年～2012年の変化	事業所数が増加	事業所数が減少
従業者数が増加	［18］ ［44］	［3］［19］ ［33］ ［78］ ［140］［156］
従業者数が減少	［11］ ［36］ ［75］ ［99］ ［103］	［6］［7］［14］ ［23］［34］［35］ ［64］［74］ ［83］［86］［102］ ［149］［155］

X　経済センサスからみた尼崎の小地域の特性Ⅳ

これら〈対事業所サービス業〉の従業者数が多く、かつ事業所数も従業者数も減少した集計区が、阪神尼崎駅北側から西長洲、金楽寺南にかけてのエリアにまとまってあることがわかる。同様のものが、JR立花駅北側のエリアにもある。

⑦いくつかの特徴的な集計区
　以下の集計区は、〈製造業〉以外の、〈卸売業、小売業〉〈宿泊業、飲食サービス業〉〈対個人サービス業〉〈対事業所サービス業〉がいずれも先の②～⑥で述べた2009（平成21）年での従業者数が一定規模以上（500人以上、〈宿泊、飲食サービス業〉だけ300人以上）あるもので、特徴的な集計区について記す。
■尼崎の中心市街地である集計区［7］（阪神尼崎駅北）
　この集計区は事業所の一大集積地である。
　ところが、この3年間の変化をみると、〈卸売業、小売業〉では従業者数は増加したものの、事業所数は減少し、〈宿泊業、飲食サービス業〉〈対個人サービス業〉〈対事業所サービス業〉はともに、事業所数と従業者数の両方が減少している。
　3年間という短い期間なので、衰退とまでは言えないが、減少傾向にあることは間違いない。
■集計区［14］（東難波南）
　先の集計区［7］の国道2号を挟んで北側に位置する。
　ここは、〈卸売業、小売業〉〈宿泊業、飲食サービス業〉〈対個人サービス業〉〈対事業所サービス業〉のいずれもが事業者数、従業者数ともに減少している。
■JR尼崎駅北側の再開発地である集計区［44］（潮江南）
　この集計区は、〈卸売業、小売業〉〈宿泊業、飲食サービス業〉〈対個人サービス業〉〈対事業所サービス業〉それぞれで、事業所数と従業者数の両方が増加している。
　この4つの業種で事業所数、従業者数がともに増加しているのは、この集計区以外では阪急武庫之荘駅南側の［109］（南武庫之荘1）だけである。

181

■JR立花駅南側の集計区［78］（七松）

　この集計区も〈製造業〉以外の、〈卸売業、小売業〉〈宿泊業、飲食サービス業〉〈対個人サービス業〉〈対事業所サービス業〉でそれぞれ従業者規模が一定以上あった。

　ところが、〈卸売業、小売業〉〈宿泊業、飲食サービス業〉はともに事業所数、従業者数が減少し、一方で〈対個人サービス業〉は事業所数、従業者数ともに増加、〈対事業所サービス業〉は従業者数のみではあるが増加している。ここでは、サービス業への変化傾向がうかがえる。

■JR立花駅北側の集計区［83］（JR立花北）

　集計区［78］とJR尼崎駅を挟んだ反対の北側に位置する。〈卸売業、小売業〉〈対事業所サービス業〉はそれぞれ事業所数、従業者数が両方減少している。また、〈宿泊業、飲食サービス業〉〈対個人サービス業〉はそれぞれ、従業者数は増えているものの、事業所数は減少している。

■集計区［99］（阪急塚口駅北）

　阪急塚口駅北側で伊丹線より西に位置する。

　この集計区は、〈卸売業、小売業〉〈宿泊業、飲食サービス業〉のそれぞれで、事業所数と従業者数が減少している。一方、〈対個人サービス業〉は事業所数と従業者数の両方で、〈対事業所サービス業〉は事業所数だけで増加している。いわゆる物販や飲食系事業所が減り、サービス業が増えている。

■集計区［155］（阪急塚口駅南）

　この集計区は、尼崎市でも早い時期に再開発された「さんさんタウン」がある。

　しかし、〈卸売業、小売業〉〈宿泊業、飲食サービス業〉〈対事業所サービス業〉はそれぞれ、事業所数、従業者数がともに減少し、〈対個人サービス業〉が事業所数のみ増加しているだけで、従業者数では減少した状況にある。

⑧製造業が多い集計区での変化

　2009（平成21）年に製造業の集積が多い集計区については、②で述べたとおりである。それらのうち、製造業の変化の類型が3（事業所数のみ増加）及び

4（事業所数、従業者数ともに減少）した地区で、かつ他の業種の変化の類型が1（事業所数、従業者数ともに増加）の集計区をあげる。

すなわち、ここで示すものは、製造業の多かったものが、製造業が別の業種に置き換わっている様子がうかがえる集計区といえる。

- ■ [33]（金楽寺北）:〈対個人サービス業〉が類型1
- ■ [35]（西長洲）:同上
- ■ [69]（道意7）:〈対事業所サービス業〉が類型1
- ■ [73]（丸島：工専）:同上
- ■ [74]（大浜：工専）:〈卸売業、小売業〉〈宿泊業、飲食サービス業〉がともに類型1
- ■ [75]（中浜町：工専）:〈卸売業、小売業〉が類型1
- ■ [80]（水堂）:〈宿泊業、飲食サービス業〉が類型1
- ■ [87]（尾浜西）:〈対事業所サービス業〉が類型1

このようにみてくると、尼崎市内で製造業の集積が多い地域のうち、小田地区の南西部、大庄地区の臨海部の一部での変容や、市域の中では大きな集積ではないが、一定の規模の製造業従業者数を擁していた尾浜や水堂での変容がうかがえる。

4　結びにかえて

本報告では、尼崎の小地域の特性について、2009（平成21）年と2012（平成24）年データを比較しつつ分析した。

研究では、市内を29区分した小地域での分析、また、産業大分類をグルーピングした業種での小地域における構成比率によって総合類型化し、その類型が2009年と2012年とでどのように変化したかの分析も行っているが、ここでは、紙幅の関係で省略した。

研究結果の全容は次のURLでご覧いただきたい。

http://www.ama-in.or.jp/research/pdf/jisyu/h25_stat.pdf

この研究は、都市の諸要素（例えば、人口や年齢構成など）の変化を市全体で捉えるだけではなく、市の内部構成の変化をもみようと試みたものである。また、その結果を、GIS（地理情報システム）を活用して図示することにより、視覚的にも捉えられるよう試みている。

　分析の方法等については、まだまだ模索している段階であるので、読者諸兄のご批判やご助言を賜りたい。

　ところで、これまでみてきた小地域での産業の実態や変化は、土地利用とも密接に関連するし、急激な変化の場合は用途地域の変更ということにも繋がっていく。今回は、この点には言及できなかったが、残された課題として、今後の調査、研究に生かしていきたい。

［注］
（1）「尼崎の小地域の特性Ⅰ」は、用途地域別土地面積、国勢調査（平成7年と平成12年）、事業所・企業統計調査（平成8年と平成13年）のデータを取り扱っている。
　　同様に「尼崎の小地域の特性Ⅱ」は、用途地域別面積（平成17年）、国勢調査（平成12年と平成17年）、事業所・企業統計調査（平成13年と平成18年）を扱っている。
　　「尼崎の小地域の特性Ⅲ」は、国勢調査データのみを取り扱い、平成12年と平成22年とを比較して小地域の変化をみた。
（2）　文中のカッコ付き数字は集計区番号を表し、［　］付き数字は156集計区の番号を示している（以下、同じ）。また、156集計区の［　］数字の後ろの（　）付き名称は、表1「集計区とそこに含まれる町丁目との対応」の156集計区番号に対応する集計区名称を使用している（以下、同じ）。

X　経済センサスからみた尼崎の小地域の特性Ⅳ

図1　156集計区分図

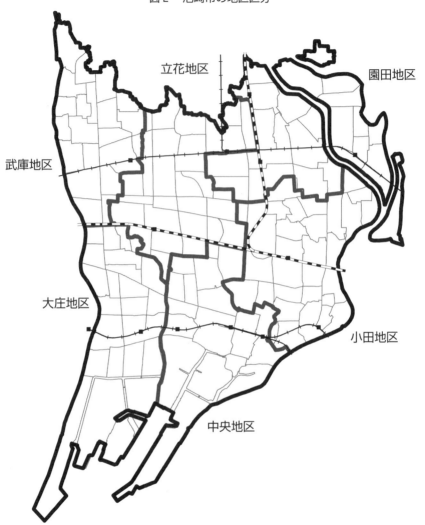
図2　尼崎市の地区区分

Ⅹ 経済センサスからみた尼崎の小地域の特性Ⅳ

図3 事業所数変化率（全産業）

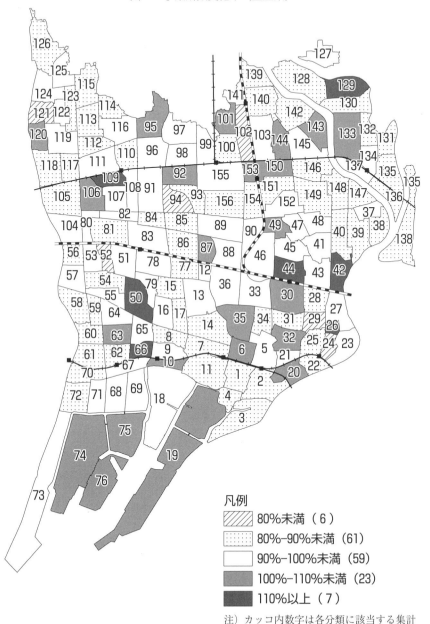

図4 従業者数変化率(全産業)

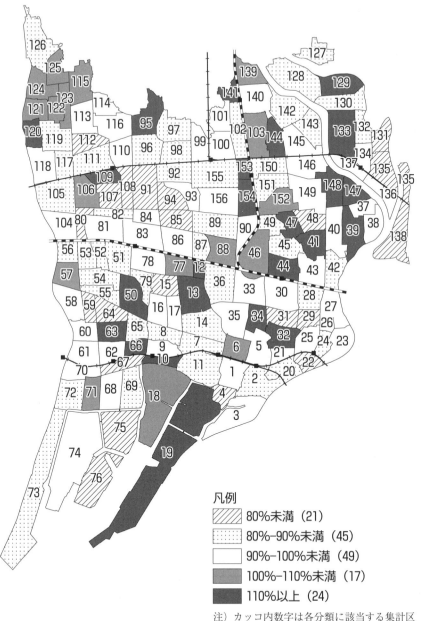

凡例
- 80%未満 (21)
- 80%-90%未満 (45)
- 90%-100%未満 (49)
- 100%-110%未満 (17)
- 110%以上 (24)

注)カッコ内数字は各分類に該当する集計区数を示す。

X 経済センサスからみた尼崎の小地域の特性Ⅳ

図5 製造業の変化

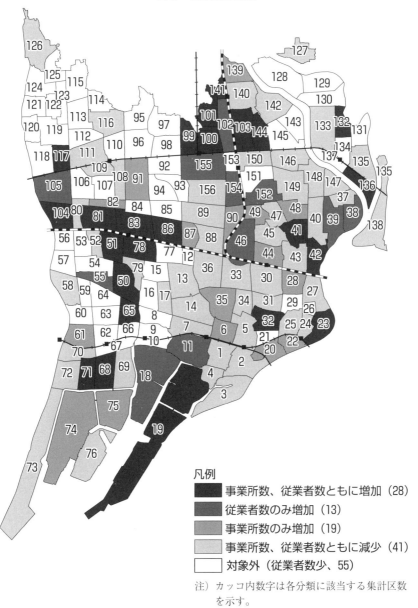

図6 卸売業・小売業の変化

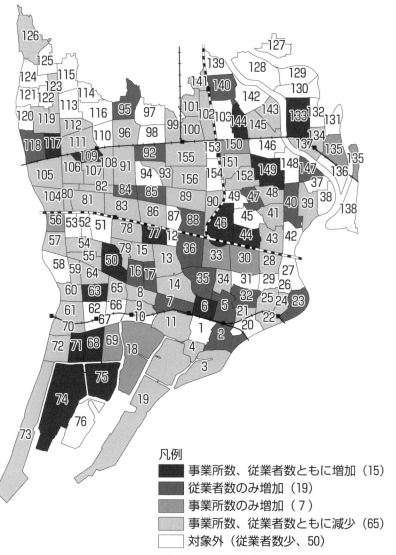

凡例
■ 事業所数、従業者数ともに増加（15）
▨ 従業者数のみ増加（19）
▨ 事業所数のみ増加（7）
▨ 事業所数、従業者数ともに減少（65）
□ 対象外（従業者数少、50）

注）カッコ内数字は各分類に該当する集計区数を示す。

Ⅹ 経済センサスからみた尼崎の小地域の特性Ⅳ

図7 宿泊業・飲食サービス業の変化

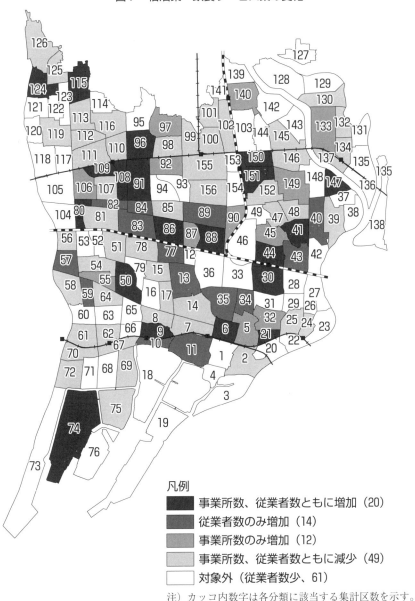

図8 対個人サービス業の変化

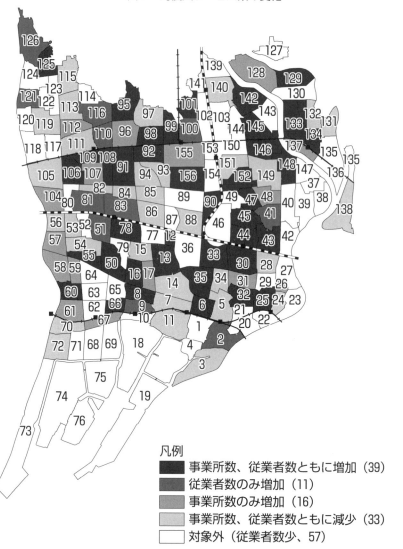

X 経済センサスからみた尼崎の小地域の特性Ⅳ

図9 対事業所サービス業の変化

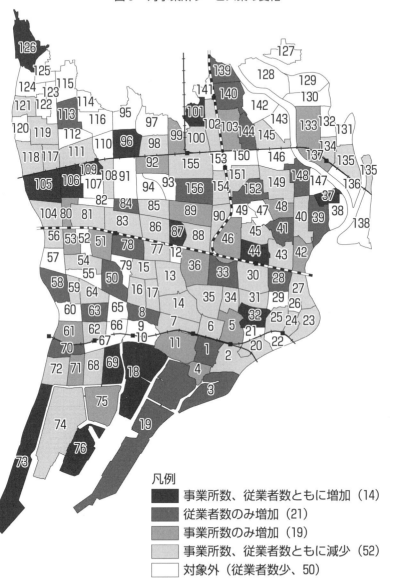

193

XI 尼崎中小製造企業の海外進出に関する実態

櫻井　靖久
公益財団法人　尼崎地域産業活性化機構　調査研究室

1　はじめに

　近年の日本をとりまくビジネス環境の大きな変化は、国内市場の量的縮小と質的変化を引き起こしてきた。こうしたダイナミズムは、長い低成長期の中で苦境にあえいできた中小企業に対して大きなダメージを与えている。そのため、中小企業が日本だけの事業活動に頼ることは、競争力を維持することを難しくさせ、その結果、国内市場の競争に打ち勝つことも困難になっている。こうした背景をもとに、低コスト資源の活用による競争力の維持や、成長著しい海外市場の取り込みのために、中小企業の海外での事業活動が増えている。

　これは、地盤沈下の激しい関西経済圏の中に存在している尼崎市でも例外ではない。「尼崎製造業の海外展開に関する調査」[1]によると、尼崎市に事業所を置く企業の12.1％が海外進出を行っている。ただし、中小企業に限ると、10.2％になる[2]。また、中小企業白書によれば、日本の中小製造業の海外進出の比率は1.04％であり、尼崎市の海外進出比率は全国平均を上回っている[3]。しかし、近畿経済産業局による調査（2013a）によると、近畿の中小製造業の進出比率は19.1％であり、これに比べると尼崎市はやや少ない傾向を示している[4]。

　しかし、これまでこうした中小企業の海外進出の実態を把握するための調査は少なく、どのように海外進出が行われ、それが尼崎市経済にどのような影響があるのかを理解することが難しかった。とくに、企業の海外進出が引き起こすと言われている産業空洞化が実際に起こっているのかどうかも、統計から判断することはできないにもかかわらず、こうした調査は行われることが少な

かった。

　このように、尼崎市中小企業の海外進出の実態を把握することは、今後増えるであろう海外進出に支援が必要になる時に役立つだけでなく、尼崎市経済の地盤沈下を防ぐために、産業政策として何をすべきかを考える助けになりうる。企業の競争力なくして経済の活性化はなしえない。尼崎市企業の競争力強化が、直接的に尼崎市経済の活性化に結びつくとは必ずしも言えないが、競争力の強化または維持のために海外進出をする企業が増えることを否定的に捉えるのではなく、尼崎市の産業活性化に結びつけることが必要であろう。そのためにも、尼崎市の中小企業の海外進出の実態を把握しておくことは、尼崎市の企業支援や、地域経済のあり方を問う意味でも大きな意義があると考えられる。

2　中小企業の海外進出における問題点

(1) 中小企業の海外進出の概要

　大企業、中小企業を問わず、企業の海外進出についての研究や調査は、戦後に始まった比較的新しい研究分野である。企業が海外で事業活動を行うことは、第二次大戦以前から行われてきたが、海外で事業活動を行うための投資である「海外直接投資」という概念が初めてでてきたのは、ハイマーの研究による1960（昭和35）年であるといわれている[5]。また、アメリカ企業における海外事業活動の本格的調査が行われたのは、ハーバード大学による1960年代のものである[6]。

　一方で、日本の企業による海外事業活動は、第二次大戦のために海外資産をすべて失ったこともあり、1960（昭和35）年ごろから少しずつ行われるようになっている。しかし、当初の海外進出はほとんどが大企業によるものであり、そのため、大企業を想定した調査や研究が中心に行われてきたことは否めない。

　加えて、大企業を含めた日本企業の海外進出が本格化したのは、1985（昭和60）年のプラザ合意以降である。プラザ合意による円高が、日本の製造業における価格競争力を喪失させたためである。しかし、その後、バブル経済という

内需拡大期を迎えたため、日本のビジネス環境の大きな変化を感じることはなかった。そして、バブルが崩壊したことで、日本経済は現在にいたるまで低成長期に入り、日本企業の海外進出が本格化したと言われている。

このように、大企業の海外進出であっても、日本企業の海外進出は1990（平成2）年以降に本格化しているのである。そのため、中小企業の海外進出は、近年まで話題に上ることが少なかった。しかし、この数年来の環境変化の激しさからくる企業の海外進出は、中小企業が中心として語られているといっても過言ではない。

実際に、中小企業の海外進出に関する調査や報告は、この数年、急速に増えている。たとえば、中小企業庁の『中小企業白書』では、2010（平成22）年と2012（平成24）年にそれを取り上げている。また、経済産業省や民間シンクタンクの報告書など、注目されるようになってきた。

このように、グローバル化する経済の中で、中小企業の生き残る道として海外進出が注目されていることがうかがえる。

（2）尼崎市中小企業の海外進出で考えなければならない問題点

中小企業の海外進出において、大企業との比較で考えなければならない点の第一は、その経営資源の少なさにある。たとえば、人材や資金の面で、大企業と比較しても、中小企業のそれは大幅に不足している。そのため、大企業と中小企業のもつ海外進出におけるリスクは大きく異なる。大企業であれば、事業活動の戦略的な配置が可能であり、失敗したときの撤退による損失も吸収できる。しかし、中小企業の海外進出は、その一つが重要であり、簡単には撤退できないし、代わりの進出も簡単にはできない。その結果、中小企業の海外進出は、一般化した全体的な傾向よりも、個別の事例から得られる示唆のほうが重要であると考えられる。

第二に、中小企業は地域経済において重要な役割を担っているため、その海外進出が産業空洞化を引き起こすのではないかという恐れを抱いている人が少なくない。つまり、域内の中小企業による雇用、それに伴う税収、その企業が

行っていた域内取引が、海外進出によって減少するのではないかという恐れである。しかし、こうした海外進出による産業空洞化が引き起こされるという明確な証拠を示した研究や調査は、これまで存在していない[7]。尼崎市においても、産業空洞化が起こっているのかどうか、また、それは海外進出が原因であるかどうか把握する必要がある。

第三に、中小企業の海外進出に対して、尼崎市のような地域を支える組織や人の役割としては何が考えられるのかという点である。たとえば、産業空洞化の議論から、税金を使ってでも中小企業の海外進出の支援を行うことの妥当性を評価する必要がある。その上で、尼崎市のビジネス環境が、企業の海外進出に影響を与えているのであれば、市の産業政策として具体的な支援策の方向性を示す必要がある。その際には、日本全体のビジネス環境の影響ではなく、尼崎市固有の問題として海外進出の特徴を把握することが重要である。

以上の点から、本稿では、尼崎市企業の海外進出の実態、産業空洞化の影響を調査によって明らかにする。

3　調査の概要

本稿における調査は、尼崎市に本社をもつ海外進出企業へのインタビュー形式で行った。調査期間は、2013（平成25）年8月から10月で、企業に訪問し、海外事業担当者、もしくは海外進出に携った方にお話をうかがった。

インタビュー調査を依頼した企業は以下の通りである。まず、2012（平成24）年度に当機構で実施した「尼崎製造業の海外展開に関する調査」によるアンケート調査で、海外に事業所をもつ企業に依頼した。次に、尼崎市のウェブ型製造業データベースの「尼崎インダストリー」で海外事業所を持つ企業を検索した。そして、尼崎市のホームページ「海外産業交流広場」に登録している企業で、ホームページなどで海外事業所が確認できた企業を選んだ。これらから合計31社の海外事業所を持ち、尼崎市に本社をもつ企業を抽出し、17社の協力を得ることができた（表1、2）。

調査対象企業の産業分類（表2）は、一般機械9社、電気機械3社、鉄・非

表1 調査企業の産業分類

産業分類	海外進出している企業（A）	調査できた企業（B）	調査実施率（B/A）	（参考）尼崎市の産業構造
一般機械	16社（52%）	9社（53%）	56%	30%
電気機械	6社（19%）	3社（18%）	50%	8%
鉄・非鉄・金属	4社（13%）	2社（12%）	50%	28%
輸送機械	1社（3%）	1社（6%）	100%	3%
化学	1社（3%）	1社（6%）	100%	9%
その他	3社（10%）	1社（6%）	33%	22%
合計	31社（100%）	17社（100%）	55%	100%

注1）産業分類について
化学……「化学工業」「プラスチック製品製造業」「石油・石炭」
鉄・非鉄・金属……「鉄鋼業」「非鉄金属」「金属製品製造業」
一般機械……「はん用機械」「生産用機械」「業務用機械」「輸送用機械」
電気機械……「電子部品・デバイス」「電気機械」「情報通信」
輸送機械……「輸送用機械」
その他……「上記以外の製造業」
注2）尼崎市の産業構造は『経済センサス基礎調査』（2009）より作成。

鉄・金属2社、輸送機械、化学、その他がそれぞれ1社である。尼崎市の製造業の産業構造の比率は、それぞれ30%、8%、28%、3%、9%、22%であるので、すべての業種を網羅できただけでなく、調査できた企業の産業分類比率と極端に乖離していない。

　調査企業の子会社[8]をみると、複数の子会社をもつ企業が8社で、半数の企業が複数拠点の子会社を持っている。最大はN社の4社であり、3ヵ国に及ぶ。また、進出先として、子会社の分布を見ると、国別では中国が11社と最も多く、ベトナムの4社、タイ、韓国、アメリカの3社と続く。地域別では東アジアが59%と全体の半数以上を占めており、ASEANの26%と合わせると85%がアジア地域への進出である。機能別に見ると、製造が19社、販売が8社となっている。地域別では、ASEANは製造としての役割が大きく、アメリカ、ドイツは市場としての役割が大きい（図1）。

表2　調査企業一覧

	資本金(万円)	従業員数(人)	産業分類	主な製品
A社	1,000	103	一般機械	自動車関連の金型、精密部品
B社	2,000	50	一般機械	工業用洗浄剤
C社	6,300	86	一般機械	熱処理機械
D社	37,973	125	一般機械	ハンドソーマシン
E社	5,900	96	一般機械	貼付機械
F社	300	14	一般機械	鋼板2次加工設備
G社	1,000	5	一般機械	消耗・摩耗部品、工作機械のメンテナンス
H社	3,500	35	一般機械	精密機械部品
I社	1,500	35	一般機械	液面計、水面計
J社	8,500	129	輸送機械	自動車ブレーキ部品
K社	8,190	280	電気機械	免電対策製品
L社	1,000	27	電気機械	ワイヤーハーネス、電線
M社	2,000	150	電気機械	電子部品
N社	3,000	236	鉄・非鉄・金属	薄板成型品、電子部品
O社	3,100	43	鉄・非鉄・金属	プラント設備製造、据付
P社	1,000	30	化学	鳥害対策製品
Q社	1,500	24	その他	ノベルティ製品

※資本金、従業員数は2013年4月現在。

図1　子会社の地域別分布

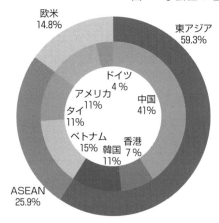

	製造	販売	合計
中国	9	2	11
ベトナム	4	—	4
タイ	3	—	3
韓国	2	1	3
アメリカ	1	2	3
ドイツ	—	1	1
香港	—	2	2
合計	19	8	27

4　海外進出の成功のポイント

　ヒアリングの結果、中小企業としての海外進出を成功させるためのポイントをいくつかあげることができた。ただし、海外進出の実務をうまく行うオペレーションと、国内市場や現地市場の競争で優位性を持つことは別のことである。つまり、海外進出にあたって、どこに進出するのかを決定したり、必要な経営資源を準備したり、現地でのマネジメントのやり方を決めたりすることが前者のことである。一方で、どのような財やサービスを、どのような競争優位をもって、誰に販売するのかということは経営戦略の問題である。そのため、企業の海外進出が成功するための要因を、オペレーションにおけるポイントと経営戦略におけるポイントの二つに分けて考察する。

（1）オペレーションにおけるポイント

①進出先の決定

　海外進出において、まず決めなければならないのは進出先である。しかし、海外進出の決断に至るまでのきっかけを見ると、なんらかの外部からの働きかけがあることが多い。そのため、海外進出の決定においては、輸出などで取引

表3　海外進出先の決定時のポイント

決定のポイント	企業	海外進出のきっかけ・目的	進出前の海外取引
外部からの強い要請	I社	KOTRAから現地企業との取引要請	なし
	K社	取引企業から独立した現地企業からの要請	なし
	A社	取引先からの進出要請	輸出
	G社	取引先からの進出要請	なし
	L社	取引先からの進出要請	輸出
	N社	取引先からの進出要請	輸出
	B社	取引先の進出に対応	輸出
	F社	取引先の進出に対応	輸出
	J社	取引先の進出に対応	輸出
海外取引の有無	Q社	コスト削減	輸入
	C社	販路開拓	輸出
	D社	販路開拓	輸出
	E社	販路開拓	輸出
	M社	不明	輸入
その他	H社	コスト削減	なし
	O社	販路開拓	なし
	P社	販路開拓	なし

先が海外にあれば、海外進出は容易である。しかし、まったく海外との接点がなく海外進出を行うにはやはり、ハードルが高い。

　表3は、海外進出のきっかけと進出前の海外との取引の有無の一覧である。海外進出のきっかけや目的をみると、進出要請や取引先の進出など外部からの要因と、販路開拓やコスト削減などの内部の要因に分けられる。そのため、海外進出先の決定において、外部要因がある場合は、その外部との関係性において決定される。つまり、進出要請があれば要請した企業がある場所や望む場所、取引先の進出であればその企業との取引が容易になる場所に進出する。ま

た、内部要因であっても、輸出や輸入など貿易を行っている場合は、関係のある場所へ進出している傾向がある。

一方で、外部要因もなく貿易も行っていない企業は、H社、O社、P社の3社である。この3社は、複数の国から選択している。H社は東南アジアから、O社はカンボジアとベトナムから、P社はヨーロッパ各国から、最終的にそれぞれの進出先に決定している。しかし、P社は、現地で信頼できる人材を獲得できたことから、設立は容易であったが、H社、O社は、進出決定後の子会社設立まで苦労を重ねることになった。

以上のことから、進出先の決定は、一つは現地の情報を取引先の有無や輸出入などで知っているかどうかが重要なポイントとなる。そうした、情報がない場合は、O社やP社のようにJETROや自治体を利用して、現地をよく調査する必要がある。つまり、二つ目のポイントとして、フィージビリティスタディ（FS：実行可能性に関する事前調査）をしっかりと行うことである。このとき、FSは自社の意思決定ができる人材（社長やその親族）が行うことが重要である。たとえば、H社は現地のコンサルタント会社を利用したが、期待したようなサービスが受けられなかった、と述べている。

②子会社の設立

進出先が決定すれば、次に、事業所や子会社を設立する必要がある。その際に、土地や建物を借りたり購入したりしなければならない。また、子会社を設立するのであれば、国や地方自治体の許可を得るために、様々な手続きがある。特に、東南アジアや中国では、海外からの投資を呼び込むために、減税などの政策措置がとられていることが多い。

このような、煩雑なオペレーションを行うためには、現地の情報をよく知る人材や、サポートしてもらう組織があれば、スムーズに設立まで行うことができる。たとえば、表4を見ると、自社に現地をよく知る人材がいた場合が3社ある。G社とF社の場合、中国勤務経験者や中国人社員がいたことは偶然であるが、結果として、現地での立ち上げはこうした人材によって行われている。P社もまた、ドイツで知り合った日本語のできる人材が、その後の子会社

表4　海外子会社設立時のポイント

設立時の ポイント	企業	現地を良く知る人材	現地での 協力会社
社内の 人材	P社	現地採用の人材	なし
	G社	中国勤務経験者	なし
	F社	中国人社員	なし
外部の協力	K社	なし	現地商社
	A社	なし	現地商社
	C社	なし	現地代理店
	E社	なし	現地代理店
	I社	なし	現地メーカー
	L社	なし	日系商社
	B社	なし	日系商社
	D社	なし	日系商社
	N社	なし	日系メーカー
	Q社	なし	親類の企業
協力者なし	H社	なし	なし
	J社	なし	なし
	O社	なし	なし
	M社	不明	不明

設立まで携っている。

　一方で、現地企業との関係で、子会社設立に至る場合も多い。K社とA社は、現地の商社（人材）の存在によって、子会社設立に繋がっている。A社の場合は、取引のあった日系商社に勤めていた日本人が、現地で立ち上げた商社である。K社の場合は、現地の韓国人であるが、その人物の独立をきっかけにして、K社は子会社設立を行った。また、C社とE社は輸出をしていた現地の代理店から、子会社に発展しているため、そうした人材を活用することができている。

日系企業からの協力の場合は、商社であればそうした情報やマネジメントの蓄積があるし、また、競合することもないので活用しやすい。N社の場合は、日系メーカーであるが、当時の工場長の人的ネットワークによって、すでに中国へ進出していた企業から様々なアドバイスを得ている。Q社は、同業者であるが、親類ということで現地の情報などの支援があった。

　一方で、そうした人材がいないH社の場合は、現地のコンサルタントや日本からの出張で対応したところ、手続きに時間がかかったため、2011（平成23）年の操業予定が、大幅にずれ込んでしまった。タイでは2011（平成23）年の洪水被害が大きく、H社の工場予定地の周辺も被害が及んだ。そうしたことも原因であるが、トラブル時に臨機応変に対応できないことが問題である。

　このように、子会社や事務所の設立には、現地の事情をよく知る人材の協力が必要である。

③現地での事業活動

　子会社や事務所を設立し、実際に事業を始めると、通常の会社経営と同じオペレーションが必要になる。労働者の採用から日々の労務管理、売上や税金などの財務管理などの企業内部のことから、販路の開拓や調達など企業の外部のことまで目を配る必要がある。こうした、業務にはマネジメント能力が必要である。情報通信技術や交通手段が発達しても、こうしたマネジメントは、日本から直接コントロールすることは不可能である。そのため、マネジメント能力のある人材が、現地の責任者として専念する必要がある。また、そうした能力だけでなく、現地で意思決定できるかどうかもポイントである。能力があっても、権限がなければ、同じことになる。

　表5で現地での責任者がどのような人材かを見ると、社長の親族が5社、現地の人材が3社である。また、G社とF社も、現地のマネジメントや意思決定は現地で行っている。それ以外のパターンを見ると、駐在事務所がB社とQ社、合弁先がマネジメントを担当しているのがL社である。不明のM社を除くと、D社、H社、N社が日本からコントロールしていると見なすことができる。

表5　現地マネジメントのポイント

マネジメントのポイント	企業	現地の社長・担当者
現地でマネジメント	A社	本社社長の親族
	C社	本社社長の親族
	E社	本社社長の親族
	J社	本社社長の親族
	O社	本社社長の親族
	K社	現地の人材
	P社	現地の人材
	I社	現地の人材
	G社	中国勤務経験者
	F社	日本から派遣した中国人社員
日本からマネジメント	B社	営業担当者
	D社	営業担当者
	H社	技術担当者
	N社	国内工場の工場長
他社によるマネジメント・不明	L社	日系商社による管理
	M社	不明
	Q社	不明

（2）競争の優位性を活かす要因

①子会社の販路による分類

　海外子会社の特徴の中で、取り扱う製品の販売先によっていくつかに分類することができる（表6）。生産や調達したものを日本に持ち帰るタイプ、現地の市場に供給するタイプ、特定の国によらず複数の国に供給するタイプの三つである。

　複数の子会社を持つ企業の場合、それぞれの子会社で供給先のタイプが異な

表6 子会社の販売先による分類

子会社コード	企業	販売先	進出先	機能	進出形態
A	A社	現地	タイ	製造	独資
B-1	B社	日本	韓国	製造	委託
B-2		現地	中国	販売	独資
C	C社	現地	アメリカ	製造	独資
D	D社	現地	アメリカ	販売	独資
E	E社	グローバル	アメリカ	販売	独資
F-1	F社	現地	中国	製造	独資
F-2		現地	中国	製造	独資
G	G社	日本	中国	製造	独資
H	H社	日本	タイ	製造	独資
I	I社	現地	韓国	製造	独資
J-1	J社	現地	タイ	製造	独資
J-2		現地	中国	製造	独資
K-1	K社	グローバル	韓国	販売	独資
K-2		日本	中国	製造	委託
L-1	L社	現地	中国	製造	合弁
L-2		日本	ベトナム	製造	合併
M	M社	グローバル	香港	販売	独資
N-1	N社	グローバル	香港	販売	独資
N-2		グローバル	中国	製造	独資
N-3		現地	中国	製造	独資
N-4		日本	ベトナム	製造	合弁
O	O社	現地	ベトナム	製造	独資
P-1	P社	グローバル	ドイツ	販売	独資
P-2		グローバル	中国	製造	委託
Q-1	Q社	日本	中国	調達	独資
Q-2		日本	ベトナム	製造	独資

る場合がある。これに該当する企業が、B社、K社、L社、N社の4社である。しかし、それぞれの子会社の特徴を見ると、分類する上で除外できるものがある。たとえば、B-1は委託生産であり、製品も主力製品ではない。また、L-2、N-4は、合弁企業として技術協力しているが、販売先は合弁相手が決定している。一方で、同じ合弁子会社のL-1は、技術だけでなく販売に関しても意思決定を行っているため、特徴が同じでも、子会社の意味は異なる。N-3は、N-2で生産した製品を中国で販売するための仕上げと梱包を行っているため、実質はN-2の中国販売部門である。K社は、製品の部材の一部をK-2社に生産を委託し、K-1社がその一部を販売している。しかし、9割以上が日本国内向けに、自社で使用している。自社製品の海外での販売はまだ行っていない。

　以上のことから、B-1、K-1、L-2、N-3、N-4を除外した場合、表7のように分類することができる。日本市場向けに製品を販売するのは、G社、H社、K社、Q社の4社である。現地の市場向けに製品を販売するのは、A社、B社、C社、D社、F社、I社、J社、L社、O社の9社である。複数の国の市場向けに製品を販売するのは、E社、M社、N社、P社の4社である。以上のことから、尼崎市の海外進出企業を、現地子会社の製品供給先によって次の三つに分類した（表7）。

　第一に、日本へ製品を持ち帰り国内で販売するタイプである。これを「日本市場志向型」とする。第二に、子会社がある国で販売するタイプである。これを、「ローカル市場志向型」とする。こうした分類は、経済財政白書でも触れられている[9]。そこでは、国内生産代替型と現地市場獲得型に分類されているが、本稿ではそれに加えて、特定の国への供給にとらわれず、日本を含む世界各国への販売を行うタイプを「グローバル市場志向型」とする。

表7　海外子会社の販路による分類

日本市場志向型	G社、H社、K社、Q社
ローカル市場志向型	A社、B社、C社、D社、F社、I社、J社、L社、O社
グローバル市場志向型	E社、M社、N社、P社

以上の分類によって、それぞれの海外進出におけるメリットやデメリットから、どの経営戦略がどのような状況で適当であるかを明らかにする。

②海外進出におけるメリットとデメリット

　企業が海外進出を行うとき、なんらかのメリットを求めて行うことが普通である。しかし、そうしたメリットは前項で示した分類によって異なる。

■日本市場志向

　日本市場志向型の企業が、海外進出する場合はコスト削減が目的である。これは、海外子会社の機能が製造であっても非製造であっても変わりはない。国内市場での競争優位は、既存のメリットに何かを加える必要があるので、海外での生産コスト差を利用できるためである。たとえば、日本市場志向型の４社を見てみると、G社は修理部品の製造など多品種少量・一品生産であったり、H社が外注品を内部化して海外で生産したりしている。また、K社の場合は、セラミックという標準化された内部の部材の生産を中国で委託生産し、Q社はノベルティ製品や販促品という一般的に販売されないものを製造している。

　一方で、こうした戦略にはデメリットも多い。海外生産したものを国内で販売するため、為替リスクがかならず発生する。そのとき、低価格が目的であるため、為替の変動によってそうしたメリットを失うリスクが生じるのである。

　また、製品によっては輸送コストがかかる場合がある。日本企業は納期を守るという優位性を持っているのに対して、韓国や中国などの新興国企業ではその点で劣位にある。納期を守らないことによる輸送コストの増大というデメリットを生じたケースもある。たとえば、ある企業の場合は、中国企業が納期を守らないため、コンテナを満たすだけの製品を調達できず、結果として輸送コストが大きくなったという。

　また、国内市場での価格競争におちいることが多くなる。海外進出すると、間接コストが増大するので、製品の価格を下げればそれだけ売上が減少する。そのため、国内市場では販売量を拡大するなど、企業成長を伴う必要があるが、価格競争に陥るとそれが難しくなる。また、取引先からの価格交渉も厳し

くならざるを得なくなる。

■ローカル市場志向

　次に、ローカル市場志向の企業の場合を見ると、海外進出の目的は販路の拡大である。日本は、フルセット型産業構造とよばれるほど、あらゆる産業やサポーティングインダストリーが充実している。しかし、新興国では政策によって特定の産業を育成しているため、偏った産業構造をしている。そのため、先に海外進出した企業は、調達が困難であったり、メンテナンスなどのサービスを十分に受けられなかったりする場合がある。たとえば、販売機能だけを海外に進出させているＢ社やＤ社、製造機能もあるＦ社は、製造ラインに工作機械を製造し設置する企業であるため、メンテナンスも重要であることが進出の理由である。また、Ｊ社のように、現地に自社技術をもつ企業が存在しなかった、などの要因もある。

　これ以外にも、ローカルメーカーや中国・韓国などの新興国企業との競争優位性によるものも大きい。最も顕著であるものが、品質と納期である。品質については、近年の中国や韓国企業のキャッチアップが大きいが、それでも現地で調達できないものがある。そうしたものは、日本で調達して供給することができる。また、納期に関しては日本企業の優位性としてよく語られる。これは、国民性や企業の意識よりも、日本企業の能力によるところが大きいと考えられる。つまり、日本企業を韓国や中国企業と比較すると、その競争優位は、自社の優位性に限定されず、一般的な日本企業がもつ優位性へのアクセスが容易である点を持っているということである

　しかし、こうしたメリットはデメリットにもなり得る。たとえば、現地の日本企業は部品や原材料の現地調達比率を高めている一方で、調達先のローカル企業は低い品質や守れない納期といった問題を抱えている。そうしたリスクは、本来は調達する側が負うのだが、日本の中小企業が進出することで、そのリスクを進出した中小企業に代替させているとも見なすことができる。

　一方、こうしたデメリットを乗り越えてでも販路を拡大する意味は大きい。これは、既存の取引先が海外進出したことによって、国内の取引が海外へ移転

したという単純な話ではない。当然、こうしたローカル市場での日本企業の優位性は、既存取引にだけ適用されるわけではない。そのため、これまで取引がなかった企業への供給も増える場合が多い。たとえば、A社やJ社は、自動車関連部品を製造しているが、国内では大手組立メーカーとの取引は皆無であった。しかし、タイや中国ではそうした企業に直接供給することも多くなっている。O社もまた、プラント設備製造・工事であるため、現地進出企業には大企業が多く、現在は、そうした企業との取引を多く行っている。また、A社、C社などは、日系企業だけでなく、現地に進出しているアメリカやヨーロッパ企業との取引も新たに始まっている。

こうした、現地企業との取引拡大は、国内にも影響をおよぼしている。つまり、現地での取引による信頼関係の構築によって、国内でもそうした大企業との取引が始まっている。

■グローバル市場志向

最後に、グローバル市場志向の経営戦略を考察する。たとえば、E社とP社を見ると、アメリカとドイツという先進国へ販売会社を設立している。この影響としては、自社ブランド力の向上に役立っていることがあげられる。具体的には、E社の場合は、アメリカだけでなくヨーロッパ企業や日本の大企業との取引に繋がった。P社は、台湾企業から取引の問合せがあり、その後、台湾への事業拡大に貢献している。これは、両方ともアメリカ・ドイツに子会社を持っていることが、大きな要因であった。また、先進国への進出によって価格競争に巻き込まれないことも大きい。

このように、中小企業がグローバルな信用力を獲得するためには、欧米などの先進国に立地することが重要である。しかし、それ故のデメリットも多い。それは、コストがかかることである。賃金が高いのはもちろん、保険や社会保障などの制度によるコストがアジアと比べて非常に高い。

こうした戦略は、世界のあらゆるところでの競争優位を持つ必要がある。E社は、専業メーカーとしてパネルへの貼付け装置の開発製造企業がなく、非常にニッチな市場であることであった。P社は、橋梁補修設計企業であった経験

を活かして、鳥害対策製品の製造販売だけでなく、建物の設計に合わせた加工、設置工事に利便性のある取り付け器具の開発など、ソリューションビジネスでサービスという付加価値を付けている。

（3）中小企業の海外進出戦略

　中小企業は大企業と比較して経営資源が少なく、海外進出にはリスクが伴う。しかし、これまで見てきたように、様々な手段で補うことが可能である。たとえば、海外進出先を決定するときは、進出の要請があったり、輸出入による取引があったりすれば、比較的容易になる。また、海外で子会社を設立したり、事業を行ったりする時には、現地のことをよく知る人材や現地で協力してくれる企業があれば成功する確率は高くなる。そのため、中小企業の海外進出において、複数企業との協働により進出するやり方も増えているが、そうした際には、以上のようなポイントを補いあうことができれば、進出のハードルも下がると考えられる。

　また、外国人社員の採用が難しく、海外で起業した日本人とのネットワークがなくとも、現地で事業サービスを提供する企業も増えている。アジア太平洋研究所（APIR）の調査でも、日本企業の海外での集積が進むと、そうした企業への事業所サービス企業も増えるという結果がでている[10]。資金や工場などは、現地で調達したり、JETROなどの支援機関を利用したりすることもできる。国や自治体のサポートも増えているし、LCCなどによって安く海外へ移動できるようになった。情報収集やFSのためのコストは、かなり低くなっている。海外進出のための資源を持たなくとも、海外事業を成功させる条件は、後からでも付け加えることができるのである。

　このように、グローバル人材や資金など、経営資源の充足は十分条件であるが必要条件ではない。おそらく、中小企業にとって必要な条件とは、現地での意思決定であろう。マネジメント能力や語学などの人材のスキルに関することは、後から学習可能であるし、外部サービスを頼ることもできる。しかし、意思決定は限られた人材しかできない。どこに子会社を設立するか、誰を採用す

るか、どこと取引するかというような決定は、現地にいてよく知る人材が行ったほうがよい。国内からすべてを管理すれば、情報の非対称性は大きくなるし、決定のスピードも遅くなる。つまり、こうした決断のできる人材を現地に派遣できるかどうかが大きなポイントとなる。

そして、もう一つ重要なことは、自社にあった経営戦略を作ることができるかどうかである。海外進出は間接コストが増大するため、中小企業のように規模が小さいと、現状維持では経営が苦しくなる。販売量を増やすなり、利益を増やすなりする必要がある。そのため、現在の取引を守るためにコストを理由に進出すると、失敗する可能性が高くなる。自社製品の競争力の源泉が、コストなのか差別化なのか、ニッチなのかを把握し、それを高める戦略をとることが求められる。

5 企業の海外進出と産業空洞化

国内企業が海外に生産工場を設立すると、国内の雇用が失われるという産業空洞化の可能性がよく語られる。実際に、この数年来における企業の海外進出と同時に、大企業の工場閉鎖や縮小、それにともなう従業員の解雇の報道が増えている。尼崎市でも、パナソニックの尼崎工場の閉鎖と、200人を超える雇用の喪失を経験している[11]。

しかし、明確な相関関係は存在していない[12]。現実に起こっている製造業の縮小や衰退は、海外進出だけが原因ではなく、国内生産の競争力の低下や、国内の景気低迷による需要の減少、産業構造の転換の過程など複数の要因がある。また、国際分業の進展によって、高付加価値工程や製品は日本で、低付加価値工程や製品はアジアで生産されるようなったため、海外と競合していた国内の地方工場が閉鎖されつつあるとも言える。

このように、日本企業の海外進出によって、国内生産が減少するという見方は一面的である。国際分業や、海外の需要取り込みによって、企業の成長が起こっている可能性もある。つまり、ある製品の生産を海外で行うことにより、国内からその製品の製造はなくなったとしても、別の製品や高付加価値なプロ

セスが大きくなることも考えられる。企業が海外進出を行う本質はそこにあるとも言えるからである。そのため、日本全体の経済からみれば、産業空洞化が起こっているとは言えないのである。

　ところが、特定の製品の生産を特定の地域で行っていた場合、その製品の生産の海外移転によって工場を閉鎖したり、生産が減ったりすれば、局地的には空洞化していると言えるかもしれない。日本経済全体の底上げによる、間接的な影響はあるかもしれないが、雇用の喪失や、その地域の中小企業の取引が減少することもある。さらに、国際分業を行う上で、日本が高付加価値製品の製造が可能である理由は、日本国内の中小企業の集積にあると言われている[13]。新製品の開発などは、日本の中小企業のもつ高度な技術や、擦り合わせの技術が必要であるからである。そうした、中小企業が海外進出を行うことで、国内生産の空洞化が起こり、それに続く技術的空洞化が起こると、日本のものづくりの競争力を喪失することに繋がる。つまり、生産の空洞化は日本経済を高度化させるためにもむしろ好ましい面があるが、技術の空洞化は問題が起きる可能性が高い。では、実際に中小企業の海外進出によってそうした空洞化が起こっているのであろうか。

　尼崎市の場合は、今回のヒアリングした企業のケースでは、海外進出によって直接的な空洞化は起こっていないと言える。海外に販売会社しかない場合は、もちろん生産の空洞化は起こっていない。また、海外に製造会社を持っていて、国内に製造部門がなくなった企業はない[14]。このうち、L社とM社は、尼崎市内に製造工場をもっていないが、どちらも海外進出とは時期的に無関係である（表8）。

　このように、海外進出によって生産の空洞化は尼崎市では起こっているとはいえない。一方で、海外進出によって、国内取引が増えたと明言しているのが、A社やE社など9社にのぼる。国内市場志向の企業であっても、G社は製品間分業、H社やK社は工程間分業というように分業体制を構築している企業もあり、技術的な空洞化も起こっているとは言えないのである。

表8　各社の国内製造場所

企業	海外製造場所	進出年	国内製造場所
A社	タイ	2005	尼崎市
B社	韓国（委託）	2008	尼崎市
C社	アメリカ	1993	尼崎市　京都府　愛知県　宮城県
D社	なし	1995	尼崎市
E社	なし	2004	尼崎市　鹿児島県
F社	中国	2009	尼崎市
G社	中国	2007	尼崎市　大阪府　山梨県
H社	タイ	2012	尼崎市
I社	韓国	2010	尼崎市
J社	タイ	1997	尼崎市　兵庫県※　愛知県
K社	中国（委託）	2005	尼崎市
L社	中国	2002	香川県
M社	なし	1999	兵庫県※
N社	中国	2000	尼崎市　宮城県
O社	ベトナム	2009	尼崎市
P社	中国（委託）	2009	尼崎市
Q社	なし	2004	*尼崎市*

注）兵庫県の表記は尼崎市以外の兵庫県。
*斜体*は海外進出以降に設立された。

6　企業の海外進出と地域の役割

　これまで述べてきたように、中小企業の海外進出のハードルは、ポイントを押さえれば高くない。海外進出とは、国境を越えるという点で、制度や文化の違いがあるだけで、実際には新しい事業所を立ち上げるということである。そのため、必要な経営資源は、国内だけで事業活動を行うこととそれほど違いはない。そして、このことは、中小企業にとって海外進出は、目的ではなく、手

段であることを指し示している。加えて、経営戦略を実行するための手段としてだけでなく、企業成長のための手段でもある。つまり、本社と物理的に離れた場所で事業活動を行うことは、マネジメント能力が必要であるため、企業の規模が大きくなれば、これまで属人的な能力でこなしていた様々な管理をシステム化しなければならなくなる。その結果、海外進出には、ある一面ではマネジメント能力が必要であるが、海外進出をしてしまえばそうした人材が成長するとも言えるのである。これは、中小企業の組織能力の向上につながり、国内での競争にも役立つことになる。

　また、こうした海外進出企業のグローバル市場での競争優位性は、尼崎市内で競争することでイノベーションを起こして蓄積してきたものである。そのため、地域の側面からみると、尼崎市の内部でイノベーションが起こり続けることが、企業が海外進出しても競争に勝てる土壌を作ることになる。よって、尼崎市のような地域は、中小企業のイノベーションを誘発させることで地域の活性化に直接的に繋がるだけでなく、その結果として、中小企業が海外進出を行い、企業成長を起こすことでも同じことが言える。つまり、中小企業の海外進出は、国内産業の空洞化や地域経済の衰退を招くものではなく、むしろ、企業の成長や地域経済の活性化につながるという認識を持つことが重要である。そうした認識は、これまでの常識とは異なるかもしれないが、尼崎市の地域経済活性化を正しい方向に導くために、市民を含めて周知を行うことも必要である。特に、他の企業の海外進出によって、個別の企業によっては、損失を被ることがあるかもしれない。しかし、そうした個別の取引の減少や一時的な売上の減少を、産業空洞化とするのではなく、地域経済全体の活性化による長期的な成長戦略として、声を大きくしていく必要があるだろう。

　しかし、海外進出は、企業の意思決定の問題であって、海外進出しないという判断も一つの経営戦略である。重要なことは、海外であるのか国内であるのかという区別をするのではなく、どのような事業を行うのかを突き詰めることである。その結果として、海外の資源を活用したり、海外の需要に供給したりすることが、自社にとって有効な方法であるということである。ただし、海外進出であろうと、国内事業だけであろうと、事業拡大を行うためにはある程度

の企業としての余力が必要である。売上や利益が減少し、企業存続の危機が訪れたときに、海外進出を選択しても成功する可能性は低い。そのため、中小企業が事業活動を行ううえで、常に海外進出という手段を想定しておくことは重要である。

[注]
(1) 尼崎地域産業活性化機構（2013）。
(2) 174社のうち、中小企業は167社で、海外進出企業は17社存在した。
(3) 中小企業庁（2012）76ページ。
(4) 近畿経済産業局（2013）9ページ。
(5) Hymer（1960）。
(6) Vernon（1971）。
(7) 詳細は、桜井（2013）を参照。
(8) 子会社とは、一般的には資本関係があり、過半数の50％以上のものをいう。しかし、海外子会社の場合は、国連や日本の基準では10％以上の株式を保有している場合を指す。しかし、本報告書では、ヒアリングで、日本の本社のコントロールがあると認められた場合、もしくは企業が海外事業と認識している場合でも、委託であっても子会社として述べる。
(9) 内閣府（2013）190-191ページ。
(10) 鍬塚（2013）。
(11) 『日本経済新聞』2013年12月28日朝刊「パナソニック、プラズマ生産終了 子会社250人退職へ」。
(12) 桜井（2013）109〜121ページ。
(13) 伊丹（2004）。
(14) ただし、P社は加工工場、Q社は梱包工場のみである。

[参考文献]
尼崎地域産業活性化機構（2013）「尼崎製造業の海外展開に関する調査」（尼崎地域産業活性化機構調査報告書）
伊丹敬之（2004）『空洞化はまだ起きていない――日本企業の選択と行動』NTT出版
近畿経済産業局（2013）「近畿地域の中小・中堅企業の海外展開に係る実態調査」
鍬塚賢太郎（2013）「バンコクにおける日本企業の集積と新規立地との関係に関する予察」『日本企業立地先としての東アジア――日本企業立地先としてのアジアの魅力とリスク――（2012年度）』（APIR報告書）
桜井靖久（2013）「第6章 産業空洞化論における文献レビュー」『日本型ものづくりのアジア展開――ベトナムを事例とする戦略と提言――』（APIR報告書）
中小企業庁（2012）「第2部 潜在力の発揮と中小企業の役割」『中小企業白書』

内閣府（2012）「第 3 章　生産の海外シフトと雇用」『経済財政白書』
Hymer（1960）"*The International Operations of National Firms: A Study of Direct Foreign Investment*". PhD Dissertation, The MIT Press
JETRO『海外直接投資統計』https://www.jetro.go.jp/world/japan/stats/fdi/
Vernon（1971）*Sovereignty at bay: the multinational spread of U.S. enterprises*, New York, Basic Books Inc.

公益財団法人 尼崎地域産業活性化機構
Amagasaki Institute of Regional and Industrial Advancement(AIR)

[所在地]
〒660-0881　兵庫県尼崎市昭和通2-6-68　尼崎市中小企業センター内
TEL. 06-6488-9501　FAX. 06-6488-9525

[沿革]
1981（昭和56）年5月　　財団法人尼崎市産業振興協会　設立
1982（昭和57）年10月　尼崎市中小企業センター　竣工
1986（昭和61）年4月　　財団法人あまがさき未来協会　設立
2003（平成15）年4月　　財団法人尼崎市産業振興協会と財団法人あまがさき未来協会が統合し、財団法人尼崎地域・産業活性化機構となる
2012（平成24）年4月　　公益財団法人へ移行し、公益財団法人尼崎地域産業活性化機構となる

[事業概要]
尼崎市が抱える都市問題の解決に向けた調査研究を行うとともに、尼崎市のまちづくりの根幹である産業の振興及び中小企業等の勤労者の福祉向上に向けた各種事業を推進し、もって地域及び産業の活性化に寄与することを目的に、次に掲げる事業を行っています。
①都市問題の解決に向けた調査研究
②産業振興事業
③尼崎市中小企業センターの管理運営
④尼崎市中小企業勤労者福祉共済事業
⑤その他設立目的を達成するために必要な事業
※これらの事業の一環として、各種補助金の申請、中小企業資金融資に関する相談・助言・受付も行っております。

[調査研究室の研究テーマ（平成26年度）]

産業情報データバンク事業	事業所情報データベース「尼崎インダストリー」の公開による企業間取引の活発化を図る。
事業所景況調査	市内事業所の景気動向調査を行い、情報発信する。
尼崎市における土地利用変化に関する実態調査	尼崎市における近年の土地利用変化の実態を、とくに産業系の用途変化に着目し、GISを用いて分析・整理する。
中小企業のダイバーシティ経営に関する実態調査	市内企業での多様な人材活用の実態と、それが経営にもたらす効果、さらには企業のイノベーションが地域経済に与える影響を把握する。
尼崎市におけるソーシャルビジネスに関する実態調査	市内のソーシャルビジネスを発掘する調査を実施し、ソーシャルビジネスの振興策を検討する。
尼崎の創業に関する実態調査	創業後5年以内の市内事業所の操業実態を把握し、市内での創業を促進する方策を検討する。
尼崎版グリーンニューディールの政策効果に関する研究	尼崎版グリーンニューディール（AGND）による経済波及効果、環境負荷低減効果を測定する方法を構築する。
製造業実態調査	尼崎市及び近隣都市におけるものづくり事業所の企業間連携の実態を把握する。 このほかに、市内ものづくり事業所が活用できる支援制度等を整理した「ものづくり企業のための支援制度等活用ガイド（第六版）」を発行する。
商業実態調査	市内商業地域の店舗・業種の分布、空き店舗等の調査を行い、商業施策に資する基礎資料の整理・分析を行う。 また、市内商業者が利用できる支援制度等の活用ガイドの作成を行う。
その他	・尼崎市が抱える都市問題の解決や産業の振興に向けて、新しい都市の活性化戦略を構築する「シリーズ『地域と産業』講演会」の開催 ・尼崎市の地域資源の発掘と情報発信を通じて都市の活性化を図る「『産業のまち尼崎』写真コンテスト」を開催。

■執筆者一覧

- [Ⅰ] 加藤 恵正　公益財団法人 尼崎地域産業活性化機構　理事長／兵庫県立大学　政策科学研究所　所長
- [Ⅱ] 稲村 和美　尼崎市長
- [Ⅲ] 菊川 秀昭　前公益財団法人 尼崎地域産業活性化機構　常務理事
- [Ⅳ] 橋本 博之　尼崎信用金庫　会長
- [Ⅴ] 福嶋 慶三　前尼崎市理事
- [Ⅵ] 小沢 康英　神戸女子大学　准教授
- 　　 芦谷 恒憲　兵庫県　企画県民部統計課　参事
- [Column ①] 阿部 利雄　尼崎21世紀の森づくり協議会委員／特定非営利活動法人尼崎21世紀の森　理事
- [Column ②] 尼崎市 経済環境局　環境部　環境創造課
- [Ⅶ] 中村 昇　尼崎商工会議所　専務理事
- [Ⅷ] 岸本 浩明　前尼崎市経済活性化対策課　課長／公益財団法人 尼崎地域産業活性化機構　常務理事
- [Ⅸ] 髙丸 正　髙丸工業株式会社　代表取締役社長
- [Ⅹ] 國田 幸雄　公益財団法人 尼崎地域産業活性化機構　調査研究室
- [Ⅺ] 櫻井 靖久　公益財団法人 尼崎地域産業活性化機構　調査研究室

ECO未来都市を目指して　―産業都市尼崎の挑戦

2015年1月20日　発行

編　者
発行所
公益財団法人　尼崎地域産業活性化機構　©
〒660-0881　兵庫県尼崎市昭和通2-6-68　尼崎市中小企業センター内

発売所　株式会社　清文社

東京都千代田区内神田1-6-6（MIFビル）
〒101-0047　電話03(6273)7946　FAX03(3518)0299
大阪市北区天神橋2丁目北2-6（大和南森町ビル）
〒530-0041　電話06(6135)4050　FAX06(6135)4059
URL http://www.skattsei.co.jp/

印刷：亜細亜印刷㈱

■著作権法により無断複写複製は禁止されています。落丁本・乱丁本はお取り替えします。
■本書の追録情報等は、当社ホームページ（http://www.skattsei.co.jp）をご覧ください。

ISBN978-4-433-40584-7